区块链
去中心化金融

实践与应用

Decentralized Finance on Blockchain

Practice and Application

季 杰 —— 著

上海交通大学出版社
SHANGHAI JIAO TONG UNIVERSITY PRESS

U0653612

内容提要

去中心化金融是区块链技术和金融应用结合的产物。区块链技术作为一种底层创新，为广大应用层的创新打下了坚实的基础。在过去数年中，去中心化金融的技术得到了长足的发展和进步，涌现出了一系列具有颠覆潜力的产品和应用。本书通过具体的案例和法规、治理结构和技术架构的介绍，为读者提供了一幅去中心化金融的全景画像。

本书适合金融从业者、监管机构和区块链技术参与者使用，对于金融行业底层技术和应用会有比较大的启发价值。

图书在版编目（CIP）数据

区块链去中心化金融：实践与应用/季杰著. —上海：上海交通
大学出版社，2021（2022 重印）
ISBN 978－7－313－24774－2

Ⅰ.①区…　Ⅱ.①季…　Ⅲ.①区块链技术－应用－金融业－
研究　Ⅳ.①F83－39

中国版本图书馆 CIP 数据核字（2021）第 087346 号

区块链去中心化金融：实践与应用
QUKUAILIAN QUZHONGXINHUA JINRONG：SHIJIAN YU YINGYONG

著　　者：季　杰
出版发行：上海交通大学出版社　　　　地　　址：上海市番禺路 951 号
邮政编码：200030　　　　　　　　　　电　　话：021－64071208
印　　制：上海万卷印刷股份有限公司　经　　销：全国新华书店
开　　本：880mm×1230mm　1/32　　印　　张：4.375
字　　数：104 千字
版　　次：2021 年 6 月第 1 版　　　　　印　　次：2022 年 6 月第 2 次印刷
书　　号：ISBN 978－7－313－24774－2
定　　价：48.00 元

序 一

近年来，全球金融市场经历了重大的改革。证券交易逐渐改变为电子化，计算机取代了传统的实体交易场地。去中心化金融是利用区块链技术对传统金融的一次新发展，力图改变传统金融对大机构的重度依赖。过去几年当中，去中心化金融已经获得了快速的发展，部分协议进入了学术研究的领域，部分已经获得了巨大的规模增长。然而对于这一新事物，用户应该要在充分了解其风险和监管要求的前提下，审慎地参与。

在本书中，季杰和他的合作者提供了一个对 DeFi 的全面解析，包括产品分析、合规架构、治理结构和底层技术。对于金融从业者和感兴趣的学生来说，这本书提供了全面的介绍，是一本深入浅出的入门读物。

季杰是我在纽约大学斯特恩商学院的学生。他后来曾在巴黎银行纽约办公室工作，负责交易信贷衍生品。他的教育背景和职业经历让他既是一个合格的市场参与者，又是一个优秀的评论者。他的创意和思考的深度令我印象深刻。我祝贺他出版本书，并且希望他能继续深耕这一领域，带给读者更多优秀的书籍作品。

爱德华·I. 阿尔特曼（Edward I. Altman）
纽约大学斯特恩商学院金融学名誉教授
纽约大学所罗门中心固定收益和信用风险研究主任
《拯救危困企业》（*Corporate Financial Distress，Restructuring and Bankrupcy*）共同作者，该书 2021 年出版中文版

序 二

区块链的概念被国人所熟知，至少已经有五六年的时间。中央政治局第十八次集体学习明确提出"把区块链作为核心技术自主创新的重要突破口"，足见区块链在中国未来经济社会发展进程中的分量。然而国内的现状却是除了少数专业人士之外，公众对其的理解仍停留在概念的层面，非专业人士几乎无法清晰地说出区块链的内涵和外延。对于金融从业人员而言，由于区块链技术的介入，传统金融业务和科技工具、算法思维之间的界限越来越模糊，也给他们带来了很多的困惑。一个"痛点"是：区块链技术在金融活动中有哪些应用场景？作为非信息技术专业背景出身的金融工作者，如何使用区块链技术提高自己的效率或者创造出新的金融工具或产品？

《区块链去中心化金融：实践与应用》的出版无疑正逢其时。该书系统整理和介绍了截至目前较为主流的交易协议，使得区块链技术的金融应用更加具象，更"接地气"。相信对区块链应用感兴趣的金融界人士会从中得到启发。除此之外，本书还有两处亮点：一是关于 DAO 的讨论，涉及社会学和哲学层面，而这恰恰是决定区块链去中心化金融成败的关键。如果"DAO 是无中心化管理的一群人，围绕一组共享的规则进行协调以实现共同的使命"，那么这种架构显然与人类在数千年历史中的表现并不协调。因此在这个意义上，"去中心化"具有浓烈的乌托邦色彩。正如作者所指出的那样："中心化组织形式发展已相当成熟，如机构、公司，等等，而去中心化的组织还在雏形期。"背后的原因是什么？希望所有进入区块链领域的人都要有清醒的思考。第二处亮点，也与"去中心化"的话题有关。DeFi 有众多传统金融工具无法比拟的优势，它消除了传统金融中心集中系统的固有风险，但也蕴涵着前所未有的新的技术以至伦理风险。如果我们能够达成共识，即 DeFi 应该被监管，那么监管者是否仍然具有"中心"的性质？中国的货币金融监管者对此有明确的回答：坚持中心化管理。"无规矩不成方圆"，DeFi 的前途，既在于发挥"去中心化"的优势，也在于如何对待"中心化管理"。

张亚光

经济学博士，北京大学经济学院长聘副教授、博士生导师

现任北京大学经济学院副院长

前　言

比特币（Bitcoin，缩写 BTC）最早由中本聪提出，2008 年 11 月 1 日，中本聪发表了《比特币：一种点对点式的电子现金系统》一文，这是区块链技术在金融和科技领域应用的一个具有划时代意义的事件。在比特币之后，诞生了以太坊（Ethereum，缩写 ETH），后者提供了目前区块链领域应用最广泛的智能合约系统。目前来看，这两个创新都获得了极大的成功，并且将区块链概念迅速而有效地推广到全球。

随着 BTC 和 ETH 等区块链产品逐渐被市场认可，并以以太坊为基础和底层架构，诞生了大量的创新。这些创新有一个共性，那就是以分布式计算为基本架构，对原有的中心化结构业务进行改造，以合约的方式来运行。这里面很多的产品诞生在金融领域，统称为去中心化金融（Decentralized Finance，缩写 DeFi）。去中心化金融将区块链技术和金融结合，充分利用了区块链更透明和更高效的特点，对传统金融的短板进行了有效的提升和改进，其中一些在海外已经颇见成效。如 Uniswap 实现了交易系统算法的去中心化，并且对传统的金融订单簿系统进行了改革，使用统一的曲线和流动性池来实现自动化的 24 小时×7 天不间断交易，在 2021 年 1 月单日交易额高达 10 亿美元。

去中心化金融协议具有很多独特的创新性，包括：分布式、无准入门槛、开源和以互联网为基础。去中心化金融协议提供了良好的透明度，所有的信息在链上都可以查询到，执行合约的代码开源，因此信息对于参与的各方，包括监管在内，都保持了公开和透明。在传统的金融业务中，这一点是很难实现的。比如在银行和传统证券交易柜台，普通用户和投资者无法了解背后所有的清算、结算、撮合机制。区块链上的智能合约完美地解决了这两个问题：开源的环境和代码使我们可通过研究其代码来了解其底层运算逻辑，同时区块链的特性保障了所有交易都可追溯和验证。

此外，去中心化金融降低了传统金融对中心化节点（比如银行和企业）的依赖，进而解决了"大而不能倒"的问题。2008年全球金融危机之所以会发生，一个重要的原因是金融体系中的几个关键银行的倒下，如同多米诺骨牌一样产生了剧烈的连锁反应，进而导致全球金融体系的瘫痪。大而不能倒，本质上是部分关键企业对整个系统的"劫持"，并以系统的安全作为筹码谋取自身利益的最大化，这是当前全球金融体系的一个顽疾。在全球金融危机之后，虽然全世界范围内的金融监管当局都加强了对其领域内的核心机构的监管，但是并不能彻底摆脱这一风险。去中心化金融不再依赖于这些机构，避免了一家或者几家机构独大的风险，增强了整体系统的安全性。

去中心化金融服务对所有用户都是开放的，无准入门槛，并对客户进行无区别对待，因此能够照顾到那些被传统机构忽略的用户，比如低收入人群。根据世界银行2018年的统计，即使在信息高度发达的21世纪，仍然有17亿人没有银行账户①。去中心化金融对节点的门槛设置得非常低，拥有一个区块链钱包就拥有了去中心化金融的入口。拥有链上钱包以后，维护也不需要额外的成本，可以24小时×

---

① 资料来源：世界银行网站，https://www.worldbank.org/en/news/immersive-story/2018/05/18/gains-in-financial-inclusion-gains-for-a-sustainable-world? cid ＝ ECR ＿ TT ＿ worldbank_EN_EXT。

7 天全天候运营。相较于传统金融较高的账户维护成本、较短的运营时间、较高的准入门槛,这都是巨大的进步和革新。

习近平总书记指出:要把区块链作为核心技术自主创新的重要突破口,明确主攻方向,加大投入力度,着力攻克一批关键核心技术,加快推动区块链技术和产业创新发展①。区块链去中心化金融业务的海外发展,目前还处在早期,但是已经展示出强大的生命力。他山之石,可以攻玉。对这些项目和协议的研究工作,可以帮助我们观察海外区块链的发展路径和应用场景。同时,扬长避短,深入了解影响其发展的问题,可以对中国金融业的长足发展提供启发和借鉴。

本书也介绍了去中心化金融协议的海外合规监管态势、产品治理结构和底层技术框架。这些都是协议能够成功的底层要素和基础设施,也可以帮助读者从多个维度去理解和判断去中心化金融的现状和未来。

由于篇幅所限,本书只选取其中最具有代表性的一些项目进行讨论。DeFi 产品的更新迭代速度比较快,读者可以通过链接了解它们最新的进展。本书介绍的产品全部为以太坊上的项目,我们也注意到其他公链上 DeFi 项目的快速发展,但是以太坊上的产品仍然是最具原创性和代表性的。限于精力和能力,本书难免有不全面和偏颇之处,希望得到读者的谅解。本书的内容不构成投资建议,希望读者能够独立分析和判断,深入学习区块链和去中心化金融技术。本书亦请到诸位业内的专家参与写作,第 11 章由 Alice He 女士撰写,第 12 章、13 章由毕艳梅女士撰写,第 14 章由李成先生撰写。本书的完成亦得到了王佳骅先生的修订,在此一并表示感谢。

---

① 资料来源:《习近平:把区块链作为核心技术自主创新重要突破口　加快推动区块链技术和产业创新发展》,《人民日报》2019 年 10 月 26 日 01 版。

目　录

第 1 章

Dai and Maker 协议

——以数字资产为基础创造的对标美元的稳定币

网址：makerdao.com

代码库：https://github.com/makerdao

作为在区块链的世界中最早出现的币种，比特币虽然获得了巨大成功，但是对于区块链上交易媒介而言，它并不是最佳方案。比特币巨大的波动性，使其不适合作为交易媒介。理想的区块链交易货币的价值应当具有很高的稳定性，波动性应当非常小。市场强烈需要一个可以被广泛接受的同时价值稳定的交易媒介，在这个背景下Dai 应运而生。Dai 是一款锚定美元的去中心化稳定币，其价值来源于背后质押的资产。Dai 的治理组织是 MakerDao。

2015 年，Maker 基金会成立，在 2017 年推出了第一版的白皮书，并且在白皮书中推出了第一款稳定币 Dai。用户通过质押一系列资产，生成美元稳定币 Dai。在第一版中，只接受以太坊（ETH）质押，在后续版本中，这一限制条件逐渐放宽，现在已经可以接受以太坊链上的多种资产。截至 2021 年 1 月，包括有 ETH、USDC、GUSC、WBTC 等 16 种数字资产，并且在不断增加中。所有的调整和质押率的改变，都通过 MKR 的持有者以投票的方式来决定，DAI 的特征是去中心化的，这和部分中心化的区块链稳定币项目有着本质的区别。

在一定程度上，这个体系的思路和部分国家央行发行本国货币的顶层设计类似。历史上很多国家和地区，采用黄金、美元、欧元、日元等主流资产作为背后的支撑，以保持本国货币的稳定。比如从1983 年开始，港币实行对美元的固定汇率制度，已经持续了将近 40年之久。在 1997 年亚洲金融危机之前，大部分东南亚国家的货币也是锚定美元。稳定的币值汇率带来的好处非常多，可极大地降低交易当中的不确定性，为贸易提供一个稳定的基础。但是这样的锚定需要背后有足额的资产来支撑，我们也看到历史上数次经济危机，部分央行出现了无法保持货币稳定的问题。这样的风险对于去中心化的协议一样存在。

接下来我们从产生和使用两个方面去分析 Dai 的机制和特点。用户通过质押符合要求的特定资产进入构建于智能合约上的 Maker 金库（vault），用户可以获得 Dai。为了确保 Dai 币值的稳定，所有的质押都是超额质押，以缓冲质押物价值的波动。之后 Dai 可以进入使用场景，被交易、转让和赠予。基于区块链的特点，所有 Dai 的链上交易都会在以太坊上记录，后期可以进行查询。最后，用户也可以选择终止这个交易，在足额偿还完 Dai 并且支付稳定费后，用户可以将其所有的质押资产全部取出到自己的钱包当中。

在生成 Dai 之后，用户和金库之间的关系本质上还是一个债权债务关系，因此需要保证质押物的金额足值。当质押资产缩水之后，需要及时偿还 Dai 或者补充质押物，避免被系统强行平仓。这里系统的一个关键指标是质押债务比率（collateral-to-debt ratio），系统实时比较当前用户的质押债务比例和系统设定的平仓线，当出现质押债务比率低于平仓线时，协议将进入拍卖处置环节（internal market-based auction），所获得的 Dai 用于偿还用户的欠款。在机制上，为了有效处理风险，尽可能减少拍卖处置环节，当出现竞拍者所有的竞拍额度超过欠款总额时，拍卖流程自动切换为反向拍卖（reverse collateral auction），偿还完欠款后多余的资产返还给用户。

而当竞拍总量不足以偿还负债时，使用系统缓冲资金来偿付，如果仍然不够，那么系统将通过增发并拍卖 MKR 的方式来补足这一部分 Dai 的缺口。系统的稳定运行依赖于一个稳定和准确的实时报价系统。MKR 的报价来源于一群分布式的报价信息源，这些信息源由 MKR 的投票人选择。

以上所有的措施保障了 Dai 价值的稳定和系统高效运行。但是 Dai 依然会呈现一定的波动性。为了促进 Dai 的价格向 1USD 回归，Maker 设计了浮动存款利率功能 DSR（Dai Saving Rate，缩写 DSR），来调节供需平衡。当 Dai 的价格高于 1USD 的时候，MKR 持有人可以选择下调 Dai 存款利率，调低需求，使 Dai 的价格下调；当 Dai 的价格低于 1USD 的时候，MKR 持有人可以选择上调存款利率，调高需求，促进 Dai 的价格上涨。有了所有这些功能，在保持价格稳定的前提之下，过去两年，Dai 的发行规模实现了大幅的增长：从 2019 年 12 月到 2020 年 12 月的一年中，Dai 的发行量增长了 14 倍，总锁仓量增长了 7 倍。[①]

世界金融发展史上有过多次货币系统危机，大多数发生在固定汇率制度下。1997 年的亚洲金融危机就是一次剧烈的、席卷整个亚洲的货币动荡事件。之前东南亚大多数国家都实行和美元挂钩的固定汇率，1997 年开始，由于东南亚各国的信用状况恶化，海外投资者大规模撤资，导致市场上出现了对各国本币大规模的卖压。各国央行不得不使用外汇储备干预外汇市场，大量购买本国货币以稳定币价，但是显然这样的举动不能长久。1997 年 7 月 2 日，泰国央行不得不放弃泰铢对美元的锚定，引起泰铢的大幅贬值，并产生了一系列的连锁反应，波及其他东南亚国家，其中印尼、韩国最为严重。在最初的 6 个月中，印尼盾下跌了 80%，泰铢下跌超过 50%，韩元下跌接近 50%。伴随着迅速缩水的本币价格，股市和主要资产价格都出现了大幅下跌，经济受到重创。

---

① 资料来源：https://blog.makerdao.com/makerdaos-year-in-review-2020/。

比特币也曾经出现过剧烈的价格波动，并对包括 Dai 在内的所有去中心化金融项目产生了巨大的压力。在 2020 年 3 月 12 日至 3 月 13 日期间，比特币从前期的 1 万美元左右价位下跌到 4 000 美元，ETH 从前期的接近 300 美元跌到了 100 美元附近，其他数字资产类别均出现了 50% 左右幅度的下跌。在价格暴跌的同时，短时间内大量的交易导致以太坊网络产生了严重拥堵，交易无法得到立即确认。这对 Dai 的稳定产生了巨大考验，事后 Maker 对其进行了复盘：首先，站在生成 Dai 的用户角度来看，他们的质押资产迅速缩水，他们需要在一个小时的时间窗口内完成补仓，但是拥堵的以太坊网络导致他们无法完成这一操作。其次，执行拍卖处置的自动化机器人也出现了故障，无法提供处置必需的流动性。最后，中心化交易所也出现了系统拥堵，进一步加重了上述问题。当时 Dai 的价格出现一个明显的偏离，最高在加密货币交易平台 Coinbase 上达到了＄1.13，在 Kraken（一家总部位于旧金山的比特币交易所，著者注）上达到＄1.06，反映出强劲的买入需求以偿还负债。当然，当时的系统故障，对用户并不完全是不利的，部分处置系统的故障给了用户更多的反应时间，同时价格在其间也有所反弹，部分用户的危机得以自动解除。最终，根据 Maker 的规则安排，一共新发行了 20 980 个 MKR 以偿还 530 万个 Dai 的缺口。综合来看，Dai 作为一个质押稳定币的系统，非但没有贬值，还出现了增值。同时，价格与锚定值的偏离程度在 15% 以内，也远小于在金融危机中部分国家货币动辄 50% 以上的波动幅度。通过观察图 1-1，我们可以发现，过去一年中，Dai 大部分时间在 0.95～1.10 之间窄幅震荡。

此外，上文多次提到的 MakerDao，其治理结构也是一个非常重要的方面。MKR 的持有人对 Dai 的发展具有很大的话语权，也要承担风险和义务。在权力方面，他们集体决定了系统中的一些核心参

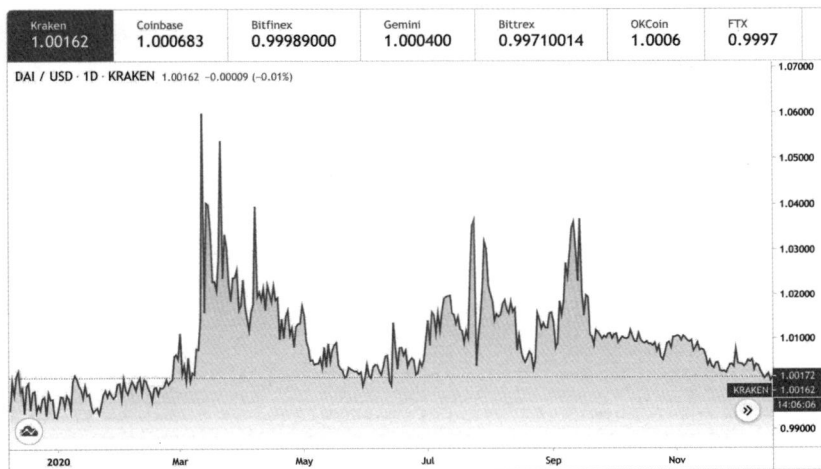

图 1 - 1　Dai/USD 价格波动图

资料来源：tradingview，Kraken。

数，包括开设什么类型的金库和质押比率；在义务层面，他们一定程度上充当了次级投资人的概念，在出现风险事件中，承担 MKR 增发带来的风险。在亚洲金融危机和墨西哥比索危机之后，国际货币基金组织和世界主要大国政府提供了大力援助，帮助他们从危机中恢复。而在去中心化金融的世界里，提供帮助的就是投资人和劣后持有人，并且这样的支持是在协议中明确规定的。

　　Dai 作为质押稳定币项目的开山鼻祖，为众多去中心化金融应用提供了基础。由于 Dai 提供了链上的稳定标准价值，因此成为区块链上通用交易的基础。截至 2020 年 11 月，共有超过 800 个项目使用了 Dai，生成的 Dai 总量达到了 10 亿个。[1] 除了 Dai 以外，另外一些基于区块链的稳定币项目也获得了很高的知名度，比如脸书所推出的 Libra/Diem。

---

[1]　资料来源：https://blog.makerdao.com/zero-to-one-billion-dai-five-years-of-growth-for-makerdao/。

第 2 章

Aave 协议

——无托管借贷协议

网址：aave.com

代码库：https://github.com/aave/aave-protocol

　　Aave 是一个去中心化无托管的资金借贷协议，用户可以自由地提供和借出资金。它构建在以太坊的基础之上，并且保持了完全的去中心化。Aave 协议中所有的资金全部来自用户的存入。在出借利率方面，采用算法根据资金使用率自动更新。用户存入资产可以获得利息，而这些存入的资产，也可以作为质押品帮助用户获取其他数字资产的借贷。除了传统借贷以外，Aave 也提供闪电贷，即在一个区块内完成资金的借出、使用和偿还。Aave 的商业模式和银行的质押贷款比较类似，通过超额质押的模式来控制信用风险。Aave 没有自有资本金，资金来源于社区成员，因此平台规模的发展不再局限于平台自有资金。

　　借贷业务是金融业的基石，几乎伴随着整个人类历史。近代金融业务的发展起源于文艺复兴时期的地中海地区，繁荣的经济带来了旺盛的借贷需求。莎士比亚的经典剧作《威尼斯商人》，它的主线就是该时期意大利北部威尼斯地区的一个抵押借贷业务：安东尼奥向夏洛克借钱，抵押物是自己身上的肉。如果无法还钱，那么就从身上割下一磅肉抵债。然而天有不测风云，商船海上遇险，导致无法偿还债务。最后法庭上波西亚以其聪明才智，提出"割肉可以，不能流血"挽救了安东尼奥，故事以喜剧结尾收场。抛开艺术的外在，这个故事的内核是现代金融业务中的抵押借贷业务的雏形。当然现在我们对抵押品、抵押条件和处置流程有了非常严格的规定，故事中戏剧部分不会再有，但是业务的本质是一致的：通过抵押物的存在极大缓释了借贷业务中的信用风险。直至今日，抵押借贷业务仍然是现代金融业务中的基石。Aave 所提供的借贷服务，本质上也是属于抵押借贷。

用户存入的资产会储存在智能合约地址中，Aave 的合约公开和开源。在 Aave 的设计中，智能合约取代了银行、托管和清算，这三者完全由部署在以太坊上的智能合约来自动操作。本书成书前，Aave 支持的资产包括：DAI、USDC、TUSD、USDT、sUSD、BUSD、ETH、LEND、AAVE、UNI、BAT、KNC、LINK、MANA、MKR、REP、SNX、WBTC、ZRX、ENJ、REN、YFI。这个名单还在不断增加。

代码的治理机构是 AaveDAO(Aave Decentralized Autonomous Organization)，采用提案和投票的方式来进行治理。用户在参与平台借贷活动中均会获得平台代币——Aave，通过持有的 Aave 进行投票并遵循少数服从多数的原则。决策的内容包括选择什么样的资产作为可以接受的质押和可以出借的资产等。

Aave 采用的收费方式为：质押借贷收 0.000 01% 费用，其中 20% 用来做客户推荐(referral)的成本，另外的 80% 用来销毁 Aave 代币；闪电贷(后面会详细介绍)收取 0.09% 的费用，其中 70% 付给协议的存款者，30% 采用上述 20∶80 的分成方式。

虽然目前对世界主流经济体去中心化协议还没有明确的监管要求，但是 Aave 主动拥抱监管，布局合规业务。2020 年 7 月，Aave 的英国分公司获得了由英国监管当局——金融行业监管局(Financial Conduct Authority，FCA)颁发的电子货币机构牌照(Electronic Money Institution，EMI)，这个牌照允许公司提供数字资产和支付业务。

Aave 的使用主要涉及存入和贷款这两大流程(见图 2-1)。

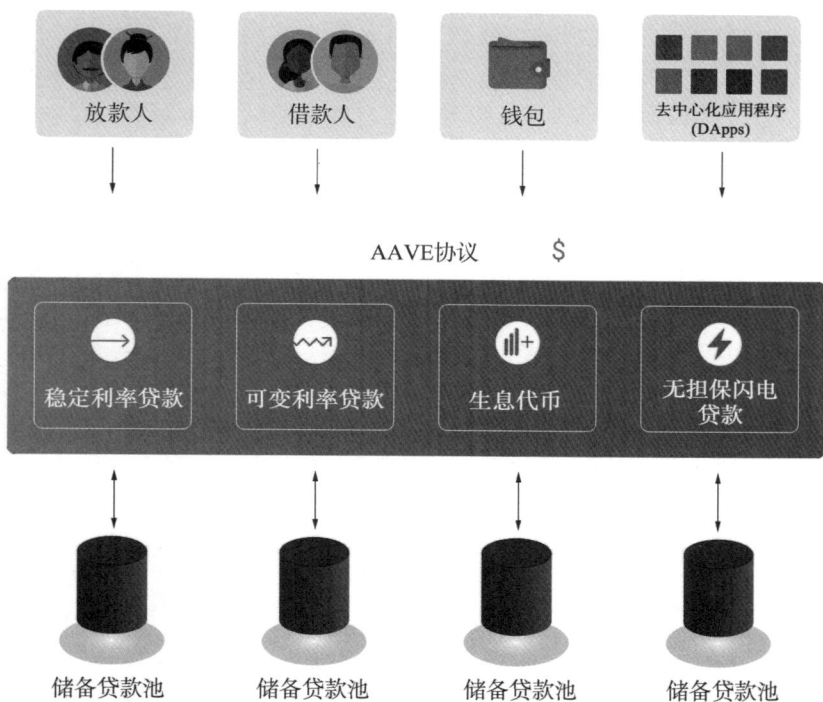

图 2-1　Aave 主要业务概览图

资料来源：Aave。

存入：用户张三存入一个资产，他会获得一个相应的 a 代币，以证明他获得了这个资产，并且这两者是严格的 1 比 1 兑换关系。这个资产的量会不断增长，以反映获得利息收入以后的资产升值。举例来说，比如存入 100 个 Dai，可以马上获得 100 个 aDai 代币，并从存入伊始，aDai 的余额就在不断增加。张三可以选择在任意时刻提取这部分资产。2020 年 12 月，Aave 升级到 V2 版本，用户的资产可以直接偿还负债，进一步提升了使用的便捷度。

贷款：用户可以自行决定借入的币种和偿还时间。用户可以选择固定利率和浮动利率两种模式，并且利率可以实时在终端显示，所见即所得。同时，利率的主要决定因素是流动性池中整体资金的空余情况。对每一个资产，Aave 都设计了不同的贷款比例（Loan to Value ratio，LTV）和清算线，以精确反映每一个资产独特的风险特征和流动性水平。在 V2 版本中，每个贷款的用户也会获得一个对应的负债代币。用户可以在钱包中统一管理各种资产和负债代币（见图 2-2）。

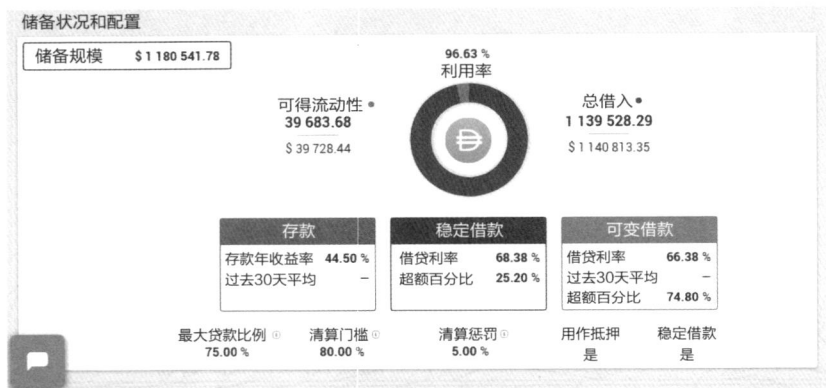

图 2-2　Aave 中 DAI 资金池和存贷利率概览图

资料来源：Aave。

同时，协议中设计了闪电贷，这是去中心化金融中的一个创新。闪电贷采用了和传统借贷完全不一样的模式，借出和偿还要在同一个区块中完成，这个业务才会被批准。否则，整个交易就自动取消。闪电贷不需要质押物，并且提供了几乎没有上限的借贷量，成为区块链套利的一款强大工具。V2 版本中的闪电贷，用户可以选择在同一笔交易内使用多个资产。闪电贷主要有以下几个应用场景：

第一，实现套利，比如同一资产在不同交易平台价格不一致，可以用闪电贷来快速套利；

第二,重新贷款,例如,张三原有贷款的利息是 4％,后来发现另外一个贷款方提供 3％ 的利息,可以使用闪电贷进行过桥贷款,以新贷款来取代旧贷款;

第三,更换质押物,例如,张三原有贷款是 ETH 质押的,现在他希望换成 WBTC 质押,可以使用闪电贷进行过桥,以 WBTC 来替换原有质押物 ETH。

清算：任何一个借贷产品都需要预防和降低资不抵债可能带来的风险,因而需要设计相应的清算环节。在 Aave 产品设计中,当用户的质押品不足以支撑质押率时,会启动清算环节,将用户的质押资产进行清算,偿还对平台的负债。而在这个清算环节中,Aave 会收取用户 5％ 的清算费用,如果用户想要避免支付这部分费用,就必须自行确保其质押品处于低风险状态。

利率定价流程和风控机制：和主流金融机构一样,制定合适的利率政策对于一个协议的成功至关重要。Aave 采用了一套自动化利率模型,针对每一个资金池制定了利率策略(interest-rate strategy),在一个基础利率之上叠加了利率曲线的影响。这个利率曲线是根据资金池最佳利用率的情况来确定,当实际使用率高于最佳使用率时,利率快速增加以反映资金成本;而当实际使用率低于最佳使用率时,利率降低以鼓励用户增加借贷。

图 2-3 是利率曲线图,可以看到系统设定的最佳利用率为 80％ 左右,超过这个阈值之后,利息迅速上升,达到 100％ 利用率的时候,年化利率超过了 150％。所以当利用率较高的时候,高利率鼓励存款用户增加存款,贷款用户偿还贷款,进而降低利用率;而当利用率较低的时候,低利率鼓励存款用户收回存款,贷款用户可以增加贷款,进而提升利用率。通过这种机制,让利用率实现一个动态优化平衡,并保持一个相对合理的利率区间。

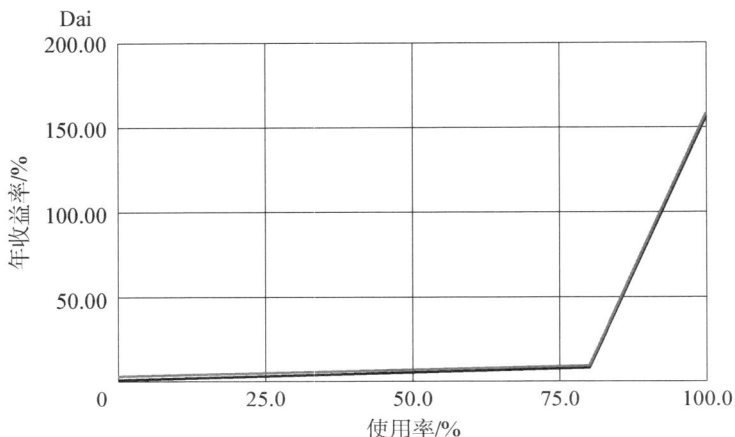

图 2-3　Aave 中 DAI 的贷款利率曲线

资料来源：Aave。

　　Aave 定义了自身的两大类风险：资产风险和流动性风险。资产风险是指新增加资产对平台产生的整体影响。流动性风险考量了平台的整体的负债和资产两端的稳定性和可持续性，Aave 通过动态调整利率水平来平衡这一风险。除了前置的安全措施以外，Aave 建立了一个安全模块（Safety Module），来应对极端情况下的市场风险。用户把 Aave 代币资产质押到安全模块基金池中，为整个大环境的风险事件优先承担损失，并获取质押收益。当发生极端情况下的风险事件时，Aave 可使用该基金池的资产来弥补风险损失。当上述资产也无法弥补所造成的风险损失时，系统会增发 Aave 代币并进行拍卖，将拍卖所得资产对剩余的风险损失进行偿付。

　　传统金融借贷业务中的一个固有限制条件是资金提供方的资金总量。放贷人的资金量决定了借贷业务的总体上限。同时，放贷人的流动性风险也是借贷业务的固有风险，比如由短借长贷导致的期限错配。Aave 使用区块链技术创造性地提出了一个新的思路，通过直接连接借贷双方,极大地拓展了业务的容量上限;同时给予用户完全的透明度,数据、规则、资金使用情况等所有信息均在区块链上可以查询,在制度上打破了参与者中任何一方单方面作恶的可能。

Aave 在 2020 年 12 月的流动性池子里面已经有 18 亿美元。现在已经成为一个重要的去中心化金融借贷协议,作为去中心化金融领域的一个基石协议,其主动拥抱监管的行为具有比较强的借鉴意义。

第 3 章

Uniswap 协议

——AMM 自动做市商交易平台

网址：app. uniswap. org

代码库：https://github. com/Uniswap

Uniswap 是去中心化金融世界中的自动化资产交易所,通过使用智能合约,在以太坊上实现自动化的资产交易。Uniswap 使用了流动性池,取消了传统证券市场中的做市商机制。在一个标准的资产对中,流动性池内同时有两种资产,用户可以直接和池子进行兑换。Uniswap 的代码后期被借鉴和引用到其他的协议中,并产生了新的交易协议。这个过程类似于比特币产生以后,很多区块链产品借鉴比特币的思路开发了新的虚似资产一样。

传统金融世界一般是将交易所作为整个交易体系的核心。交易所为每一家公司或每一个证券进行代码标记,通过维持中心化的账本体系,来记录每一个参与方的交易行为和持仓情况。交易所也为所有交易参与人提供有序的交易环境,确保价格的公开和透明,同时维护交易所纪律,控制市场风险。这其中,撮合、清算和结算是证券交易环节的重要工作。有人买就需要有人卖,在买卖条件达成时,交易才确认完成,因此整个交易体系的运行要求具备双向流动性。香港著名电视剧《大时代》中郑少秋所饰演的丁蟹与刘青云所饰演的方展博在交易大堂上演的多空大决战,就是这一场景的经典刻画。全球的金融交易所都有特定的交易时间,在工作日的工作时间内进行交易,在其他时间段停止交易,如此往复。

在区块链和虚拟资产世界中,已经有中心化的交易平台,采用和传统证券交易所同样的运作方式,并且长期以来大部分的交易流量都通过这些中心化的交易平台来实现。去中心化链上交易所的形式主要有两种：订单簿做市（Order Books）和自动做市（Automated Market Maker，AMM）。其中订单簿做市系统和传统金融的业务方法一致，买卖双方各自报价，组成订单簿。订单簿实时更新，并且按照价格优先、时间优先的原则互相匹配。订单簿的流动性来自买方和卖方，当且仅当买方的需求和卖方的供给项匹配，交易才能执行，也就是说一定要有对手方。订单簿做市的典型协议有 dYdX。自动做市的方法则是把流动性的供给进行打包，并且以规则制定的价格进行交易，不依赖于对手方的存在，即可以自动提供流动性。自动做市的典型协议有 Bancor、Uniswap 和 Kybernetwork，这一章以 Uniswap V2 为例来介绍 AMM 的具体业务流程。

首先介绍一个基础概念：流动性池。流动性池里有两种可供交易资产，并通过智能协议进行连接。这里我们可以假设有一个流动性池子：梨子和苹果，并且当前的苹果的价格是梨子的两倍。流动性池子的配比是按照两个产品的价格的反比，假定流动性池中梨子是 200 个的话，那么苹果数量就是 100 个。我们通过观察这个池子的配比，也能够得出当前池子中两个商品的报价。对于提供流动性池的用户而言，他占有的是池子资产的一定百分比。比如我们可以假设小张和小王两个人，分别占有池子的 40% 和 60%，那么在初始时刻，小张的资产总值是 80 个梨子和 40 个苹果，小王的资产总值是 120 个梨子和 60 个苹果。

其次是恒定乘积模型，在交易前和交易后，两个交易资产的数量乘积是恒定的。这样设计的目的，是为了确保整个资产池在交易前后的总价值是一致的。恒定积的公式是：$X \times Y = K$。在梨子和苹果的初始池子中，$X=200$，$Y=100$，$K=20\,000$。当用户小李拿 1 个梨子来换苹果，也就意味新的梨子总量达到了 $200+1=201$ 个，在 K

不变的情况之下,新的苹果数量是 99.502,也就意味着小李获得的苹果是 100－99.502＝0.498 个。用户实际获得的价格是 2.008,这个结果非常接近于当前的苹果和梨子的价格比 2。从图 3-1 上看,恒定乘积曲线的切线斜率就是执行价格。很显然,恒定乘积 K 越大,这意味着流动性池子的深度越好,交易的价格会越接近于当前市场价格。

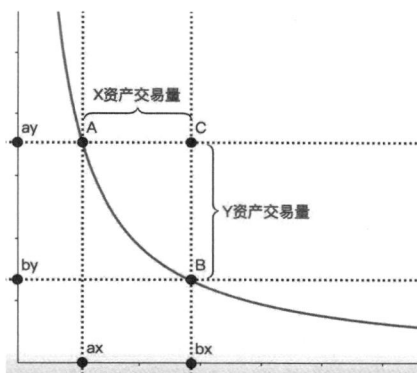

图 3-1　恒定乘积公式示意图

附注:横轴和纵轴代表了两种交易资产的量,在恒定乘积线上的任意一点,都能保证两个量的乘积是恒定的。在两个量之间的差额,则是交易中实际发生交换的量。

　　回到流动性提供者小张和小王身上来。在这笔交易以后,流动性池子的配比略有调整,梨子和苹果的数量变成了 201:99.502。但是小张和小王对池子的占有并没有发生变化,仍然为 40％ 和 60％,因此归属于他们的梨子数量略微增加,苹果数量略微下降。由于流动性池子的变动较为缓慢,当外界的价格发生变化时,池子的价格变化往往会滞后。AMM 系统主要依赖套利者的交易来把池子的价格推向均衡价格,完成对流动性池和流动性池自身的报价体系的不断自我修正过程。套利者处于攻势，为追逐利益而来，获得价差利润；流动性池的提供方处于守势，属于被套利者，会承受被套利带来的损失。假设价格是随机行走，长期而言价格仍然会回归现有水平，那么这种损失可能会被弥补，也因此得名无常损失（Impermanent Loss）。在费用方面，Uniswap 每一次交易的手续费是 3‰。为了激励用户积极地参与流动性池，Uniswap 将其部分手续费收入分给流动性提供者。

总体来看，流动性资产池提供者在整个交易中提供了流动性，他们的作用是至关重要的，因此他们获得了部分交易手续费收入的分成以作为对他们行为的奖励。套利者确保了整体价格和全市场公允价格的一致性，当套利空间足够大，套利者就可以进行套利确保资产池的价格回归真实市场价格。通过大约 300 行核心代码，Uniswap 实现了 AMM 的全套交易服务，可以说是非常简洁和高效的。

相较于传统的金融交易所，Uniswap 更类似于一个自助超市，随时可以提供用户需要的商品服务，而不需要等待买方和卖方的同时出现和价格谈判过程。它自带价格预言机，可以通过资产对的数量比例来确定价格，这种模式和其他的价格预言机相比，有其独到之处。对于用户而言，所见即所得，通过监控资产池的数量，用户可以得到实时准确的价格信息。这点在流动性欠佳的资产类别上会特别有意义。事实上，传统交易所在这个方面也会遇到很大的困难，一般而言，流动性欠佳的资产会通过场外交易（OTC）的方式来进行，但是场外交易的透明性较差并且门槛较高，无法提供实时连续的报价，同时买卖价差可能会非常的宽，用户交易需要付出极大的交易成本。这些对用户而言，都是较为不利的因素。所以 Uniswap 在流动性相对较差的资产上的优势是非常明显的。目前来看，传统交易所在流动性好的主流资产交易上仍然占优，表现出更小的买卖价差和滑点；

Uniswap 在长尾资产方面则占据了绝对主导地位，以更有效率和更低成本的方式提供了市场必需的流动性。

Uniswap 也在不断地发展，用户数量增长如图 3-2 所示。2020 年超过 95％的以太坊上交易量都是来自去中心化金融应用，但这也造成了当前以太网络的拥堵。2021 年初，以太坊上单笔交易的成本可以达到 30 美元以上，这极大限制了去中心化应用的发展，让机构投资者和个人用户望而却步。为了应对这一挑战，Uniswap 计划进一步提升资产的效率和降低滑点。Uniswap V3 已经在 2021 年推出，提供了选择流动性做市价格区间的功能，进一步强化了产品的领先优势。

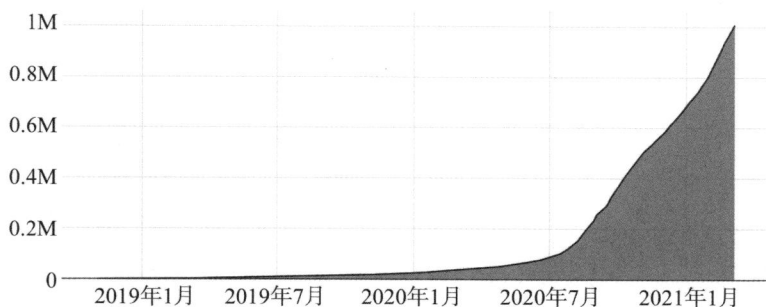

图 3-2　Uniswap 用户数量增长图

资料来源：defiprime。

作为去中心化金融应用的基石，Uniswap 获得了巨大的成功，2021 年 3 月的单日交易量达到 10 亿美元以上。通过解决资产交换之间的痛点，Uniswap 客观上推动了以太坊上去中心化金融业务的蓬勃发展，也进入了主流研究机构的研究领域。恒定乘积曲线的自做市，后期也有大量相关的学术研究，值得传统金融机构借鉴和学习。

第 4 章

dYdX 协议

——订单簿式交易平台

网址：dydx.exchange

代码库：https://github.com/dydxprotocol/

dYdX 起源于硅谷,是去中心化金融服务企业的早期代表,得到了安德森·霍洛维兹基金(Andreessen Horowitz Fund,简称 a16z)等硅谷顶级风投机构的支持。dYdX 主要业务是提供订单薄模式的区块链数字资产交易服务,并提供杠杆和合约的交易功能。在 2017 年推出白皮书之时,最先推出链上衍生品的去中心化金融协议,提供了用户买多和卖空的选项。与 Uniswap 这样的自做市协议相比,dYdX 的模式更接近于传统金融市场的运作方式,容易为用户理解。交易界面如图 4 - 1 所示。

图 4 - 1　dYdX 交易界面

资料来源:dYdX。

dYdX 目前提供杠杆交易、借贷和合约交易。杠杆交易的做法类似于券商的融资融券业务，通过借入资金或者相应的资产，可以实现多倍做多或者做空的交易操作。它和 Aave、Compound 同属于链上去中心化金融代表性借贷产品。

同时，dYdX 也提供了永续合约的交易功能。永续合约产品是区块链行业的一个创新，它对传统金融中的交割期货进行了升级，取消了定期交割这一环节，用户可以将头寸长期持有下去，避免交割带来的麻烦。在风控和处置逻辑上，它和传统的交割期货的方法是一致的。传统的交割期货的价格和现货价格可以出现非常大的差异，即基差。基差可以为正，也可以为负，绝对数额可以非常大。

2020 年初，由于受到新冠疫情的影响，全球原油需求锐减，油价大跌。由于交割制度的存在，持有 5 月份交割的 WTI 原油期货的投资人，在 4 月 21 日开始就要因交割而持有原油现货。一般而言，投资人可以将即将到期的期货转换为更远期的期货，但由于需求不振和大量的原油库存积压，库存能力有限，交割之后的现货无处存放，投资人不得不支付款项以将现货脱手。而石油输出国组织欧佩克的原油减产计划要到 5 月份之后才能生效。2020 年 4 月 20 日，WTI 原油 5 月期货交易价格跌入负数，达到负 37 美元一桶的历史低位，而现货价格在 4 月最低价为 6 美元，期货和现货出现了严重的背离。这种巨大的波动和基差对全球金融市场产生了巨大冲击，道琼斯指数之后两天下跌了 1 200 点，原油期货经纪公司承担了巨大的亏损以补偿用户损失。

永续合约由于取消了交割环节，因此价格不再受到它的影响。永续合约通过调整资金费率来调节供需平衡，使其价格能够较好地追踪底层现货。当合约交易价格高于现货，反映买方的力量大于卖方的力量，资金利率为正，合约多头需要向空头支付利息；当合约交易价格低于现货,反映卖方的力量大于买方的力量,资金利率为负,合约空头需要向多头支付利息。

由于数字资产巨大的波动性,单个协议自身的价格可能由于流动性不足,而被恶意操纵。所以在计算用户的风险水平和平仓线等核心数据时,dYdX 采用了链上价格预言机来获取市场的公允价格。在预言机的选择上,它选取了 MakerDao、Chainlink 作为价格提供方。

在用户准入层面,由于衍生品的性质比较敏感,目前世界上绝大部分国家都明确要求对衍生品进行监管,要求提供此类产品或服务的公司或组织在相应的国家和地区申请牌照或者豁免。由于散户对这类产品有认知上的难度,风险承受能力弱,部分国家甚至直接禁止向散户开放。2021 年 1 月 6 日起,英国金融行为监管局关于禁止向零售用户出售加密货币衍生品和交易所交易票据的禁令正式生效。目前去中心化金融产品,由于其天然是无准入壁垒的,怎样确保遵守世界各国监管的要求,将会是一个很大的挑战。我们相信,未来合规将是所有去中心化衍生品交易中的核心发展要素,值得每一个协议和产品去花大力气研究和遵守。同时,对于世界各国监管机构而言,深入理解区块链和去中心化金融,也能够有助于其更有效地将新产品和场景纳入监管体系中。合规部分我们在之后的相关章节会详细展开讨论。

从交易层面上看,dYdX 作为一个传统金融产品的去中心化版本,目前其流动性仍然有待加强。2021 年 3 月,单日交易量大概为 2 100 万美元左右,交易总量即使在去中心化金融应用中也不算大。究其原因,一方面,这和以太网络的拥堵相关,每一笔的交易费用可以高达 40 美元,这让去中心化金融的成本变得高昂。另一方面,挂单和撤单的行为也要支付 Gas 费用,这进一步降低了用户的挂单意愿，导致买卖价差比较大。dYdX 也在进行新版本的测试，降低燃料（Gas）费用，提供更快捷的和更低成本的交易通道。目前，它们与 StarkWare（https://starkware.co/）合作推出了基于二层网络的永续合约交易业务，利用 ZK-rollup 技术，将链下的交易记录定期以零知识证明验证的方式提交到以太坊智能合约中，解决了纯链上订单薄式交易所成本高、流动性低、撮合效率低的问题。

　　观察不同去中心化金融产品的数据及其发展态势，其对于传统金融的借鉴意义是不言自明的。从模式上来看，Uniswap 和 dYdX 两者分别在自做市和挂单式交易上进行了探索，提供了去中心化交易产品的两种解法。它们的目标是一致的，即提供高效、低成本的交易解决方案。

第 5 章

Nexus Mutual 协议

——保险协议

网址：nexusmutual. io

代码库：https://github.com/nexusmutual

　　世界保险行业拥有悠久的发展历史。自从人类诞生之日起,就伴随着天灾和意外的困扰,个人在重大变故面前是渺小的,因此产生了互助和保险的需求。人们通过风险共担的机制,将损失分摊给众多保险人,降低对每一个个体的影响,提升整个集体的抗风险能力。1666 年,在伦敦大火吞噬了 1.3 万间房屋以后,人们急需有效的保障,对火灾的损失进行补偿,因此诞生了现代意义上的第一个财产险。19 世纪火车和铁路运输行业大发展,意外事故和伤亡人数攀升,为了化解这种风险,它诞生了人身意外险。很显然,保险的价值是不言而喻的,推动人类去探索未知领域和发展现代化技术,提升人民生活的质量。

　　现代保险业的机制是通过保险机构,来为用户提供广泛的保险服务,并利用其广大的用户基础来降低单体风险以及提供较高的偿付能力。这套业务模型目前所遇到的一个瓶颈是成本和效率。在业务前端,大量保险业务员的销售,以及相应的各种文件的签署,产生较高的成本;在业务中端和后端,需要大量的数据维护,在理赔时,需要人员的审核和复查,由此产生的成本也是非常高昂的。而用户在实际索赔时,往往也会产生各种疑问,对索赔的满意度反馈不佳。从数据来看,国内保险行业的保费收入中,赔付支出的占比大约只有 54%[①],

---

① 资料来源:中金公司研究报告,https://finance.sina.com.cn/stock/stockzmt/2020-09-13/doc-iivhvpwy6501316.shtml。

其余为手续费及佣金支出、业务及管理费、合规成本,等等。

区块链技术和去中心化金融为降低各项费用提供了一种路径和方法。麦肯锡认为,区块链技术可以为保险公司提供创新的产品,有效发现舞弊和降低运营成本[①]。在去中心化金融领域,最底层的风险是代码被黑客攻击以及漏洞被不法分子利用,因此应对这类风险的保险类产品 Nexus Mutual 就应运而生。

Nexus Mutual 注册在英格兰和威尔士,用户需要交纳会费并且通过 KYC 以后可以加入成为会员。所有的成员都承担产品的风险,也分享保费收益。用户通过持有 NXM 资产来参与分布式决策组织(Dao)。Nexus Mutual 的产品最早是针对智能合约的代码风险这一单个品种。覆盖范围是目标智能合约代码未被授权使用(Unintended Code Usage)的情况。由于去中心化金融产品依靠代码来运作,因此代码的合理使用对于去中心化金融产品和协议的意义至关重要,它的保险范围也是针对这一特定领域。2020 年 12 月,Nexus Mutual 加入了托管保险,覆盖范围包括托管机构被黑客攻击导致托管资金损失 10% 或者提款停止 90 天的情况。

作为 Nexus Mutual 的会员,可以参与的事项主要有三类:协议治理、风险评估和理赔评估。其中风险评估是指会员将其持有的NXM 资产质押,在出现风险事项需要理赔时承担损失。同时,他们也获得相应的保费收入,以补偿风险。

Nexus Mutual 的理赔评估机制比较特殊。首先,发起理赔的申请人要质押 NXM 资产,如果他的理赔申请获得通过,质押的资产全部退回;如果理赔申请不通过,那么质押资产不再退还。这种机制是

---

① 资料来源:麦肯锡研究报告,https://www.mckinsey.com/~/media/mckinsey/industries/financial%20services/our%20insights/blockchain%20in%20insurance%20opportunity%20or%20threat/blockchain-in-insurance-opportunity-or-threat.ashx。

为了防止用户出现恶意申请的情况,激励用户仅在真实出现问题时进行申请。

会员投票决定理赔条款是否被触发。这个机制把所有的权力交给了会员,如果会员投票结果是错误的或者恶意的,那么整个协议就会失去其公允性,面临失去客户和会员的风险,也失去了其存在的所有价值。由于投票会员本身就持有并且质押了 NXM 资产,因此最终那些投票的会员也将遭受损失。协议鼓励会员采用一种长期的视角来应对所有的投票,而不仅仅关注短期利益。会员需要多方面收集信息,最后投票做出决策,这样的会员决策一旦形成就是最终决议,无法更改和推翻。

在实际操作中,目前发生理赔偿付的案例只有 bZx 协议这一个。bZx 协议被黑客利用闪电贷攻击,会员按照流程进行决策,拒绝了第一个理赔申请。之后,bZx 展示其被攻击的核心原因为安全代码被绕行,后续 Nexus Mutual 接受了第二个、第三个和第五个理赔申请。

目前 Nexus Mutual 的实际理赔案例还不多,技术应用还没有全面展开。我们相信未来一定会有更多的新产品涌现,利用新技术打造有竞争力的保险产品。比如在保险精算领域,由于它极度依赖于数据的使用和分析,这应该是 DeFi 程序化处理的优势所在。

同时,区块链技术和去中心化金融的理念对于保险行业的发展也是大有裨益的。首先,区块链技术的核心是分布式账本,而保险行业对准确记账有着天然的强需求。其次,所有信息通过区块链的方式来进行储存和后期管理,可以有效降低传统保险纸质文档、数据维护的成本,提高效率。再次,流程的自动化,理赔的条件确认自动化,对于降低争议、实现公平公正透明的处理也是有很大帮助的,让业务不再那么烦琐。最后,信息的公开化和信息可追溯性降低了骗保的空间和可能性,有利于监管机构和执法机构全流程的监督和监管。

第 6 章

Chainlink 协议

——链上报价预言机

网址：chain. link

代码库：https://github. com/smartcontractkit/Chainlink

去中心化金融项目充分利用了区块链的优势，将公开和透明发挥到了极致，并产生出一系列有代表性的核心项目和协议。区块链自身作为一个账本体系并不能解决所有问题，很多核心组件和要素依然来自链下的渠道，这其中就包括实时价格输入。因为区块链系统的特性问题，任意一次计算都需要能够被不同的节点在不同的时间重新计算验证并得到相同的结果，而互联网上的信息源有可能在不同时间访问时返回不同的信息（比如一只股票的最新价格），因此区块链上的智能合约无法直接访问链下的信息。Chainlink 为解决这个问题提供了一个关键的组件协议，架设了联通 DeFi 和现实世界的桥梁，为众多去中心化金融项目的稳定运行提供了必要的基础设施。

对金融产品而言，数据的质量直接决定了成败。数据犹如人的眼睛，只有视线清晰没有遮挡，才能够确保人所做出的反应是合理和及时的。当输入的数据质量存在问题时，最后的产出也是有问题的。在传统金融市场中，很多重要的协议约定，都会有特定的价格来源和权威信息提供商。比如沪深 300 股指期权的交割结算价，为最后交易日标的指数最后两个小时的算术平均价。这个信息可以在万德、彭博社等信息终端或者官方网站上获取。作为权威的中心化的节点，万德和彭博确保了信息来源的可靠性和及时性，并且这样的数据可以交叉验证并回溯。有了这个信息以后，数量庞大的期货和期权的交割等金融市场业务才得以顺利进行。

以上这个例子在去中心化金融世界中同样存在,可信赖的信息源是去中心化金融正常发展至关重要的一环。由于去中心化金融大量使用自动化的智能协议来运作,因此获取数据的过程需要满足纯链上且自动化的要求,而且还要能够保障安全性、准确性和隐私性。在去中心化金融的实践中,出现过一些重大的黑客事故,往往都和核心数据缺陷被黑客利用有关。对于这一挑战,Chainlink 提供了有效的解决方案,并且目前为止没有出现过重大安全事故。

Chainlink 保障数据供应安全性的核心机制是分布式数据源和分布式预言机。Chainlink 从多个数据源获取数据,在数据源返回数据以后,聚合成单一数据。在这个聚合的过程中,按照多数投票原则返回结果。除了数据源以外,预言机本身也是分布式的,系统设有多个不同的预言机,每个预言机使用的数据源集合也是不尽相同。最后预言机也会对结果进行再聚合,形成最终结果。这样的机制有效地降低了系统对单个数据源和单个预言机的依赖(见图 6-1)。

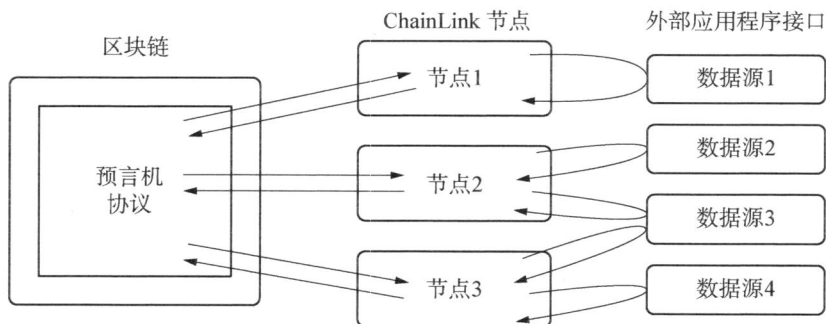

图 6-1　预言机和数据来源分布图

资料来源:Chainlink 白皮书。

数据来自节点供应商，因此稳定的节点供应商是整个系统保障的基础。截至 2021 年 3 月，Chainlink 共有 121 个节点供应商。要想成为节点供应商，需要提交申请，具备一定的硬件和软件条件，并且交纳审计验证费用。节点供应商通过提供报价服务可以获得节点收益，这鼓励节点服务供应商保持良好的记录。

为了进一步保障数据系统的安全性，Chainlink 后续有四项安全措施：验证系统、声誉系统、认证服务和合约升级服务。其中验证系统负责监控链上预言机行为，提供可用性和准确性指标；声誉系统记录预言机服务商以及节点的用户评分，声誉类似于淘宝的买家评价，评价高的服务提供商将得到激励去保持和提高声誉，出现问题的服务提供商则会被处罚；认证服务在系统出现重大问题时，可以进行补救，特别是针对女巫攻击[①]和镜像攻击[②]。从安全性的角度来说，链上信息的生成机制无法完全避免被操纵，但是通过后期数据审阅，可以发现哪些节点提供了错误的信息或者进行了合谋从而进行相应的处罚和震慑。后期的验证和打分，如同淘宝的商家售后评价一样，进一步维护了系统的稳定和精准运行。

目前的去中心化金融发展仍然处于早期，完全的去中心化的安全性保障仍然面对诸多挑战，因此中心化和去中心化的结合在现阶段还有比较强的意义。Chainlink 在节点供应商中加入了一些可信节点供应商，这些可信节点供应商可以作为系统的基石，进一步提高协议安全性。

从 2020 年 3 月的 7 天数据来看，共有 189 个活跃预言机，15.3

① 女巫攻击：在区块链中，通过创建多个账户、身份、节点，进而占据多数选票，操纵投票结果。

② 镜像攻击：与女巫攻击类似，通过生成大量镜像，来控制投票结果。

万个数据需求，平均反馈时间为 3.2 个区块，需求完成率达到 99.6%[①]。目前 Chainlink 是去中心化金融领域应用最广的预言机，使用者包括 Google、Oracle、SWIFT 等大型传统金融机构，也包括了 Synthetix、Polkadot、Conflux 等头部区块链协议。之前所提到的 bZx 协议在被黑客攻击之后，改用了 Chainlink 的预言机来确保聚合数据信息的安全。

　　Chainlink 以及其他预言机协议的出现，对去中心化金融的影响是极其深远的。相比于其他章节介绍的各种类产品，预言机不仅仅是一个产品，更是一个基础设施。Chainlink 除了创新性地使用了 ERC‐677 的 Transferandcall 来实现自身纯链上的商业交易逻辑（转账然后获取计算数据，交易完成）以外，更重要的是利用区块链共识的手段，为整个区块链链上生态提供了访问链下数据的能力。它为区块链上的业务应用提供了几乎无穷无尽的可信数据源，将区块链账本接入了互联网，为更多去中心化金融产品的实现带来了可能性。

---

① 资料来源：reputation.link。

第 7 章

Yearn Finance

——自动化投资收益平台

网址：yearn. finance

代码库：https://github. com/iearn-finance

随着去中心化金融的发展,产生了借贷和投资的相关协议,包括Aave、Compound、dYdX,等等。由于各个贷款协议的利率是随时变化的,这时就产生了对组合自动再平衡和匹配最优利率的需求;智能合约天然是自动化的,而区块链上的信息又是透明的,由此 Yearn 协议应运而生,提供了智能合约上的自动化投资收益平台。

接下来重点介绍其中的核心功能:Earn,也是 Yearn 的第一款产品。用户存入 Dai、USDC 等资产后,Earn 会自动在多个借贷协议(Aave、Compound、dYdX 等)中寻找收益率最高的协议,存入资金从而获取最高的存款利息。理论上用户也可以自行操作,但是 Yearn通过内置自动化策略,省去了用户操作的麻烦,并且规模效应也能降低 Gas 费用。由于目前借贷协议支持随存随取的活期模式,因此Yearn 的这个模式也具备较强的灵活性。

Earn 的模式类似于传统金融世界中的货币市场基金,货币市场基金满足了用户对高流动性和低风险的投资需求。不同于传统货币市场基金的是,Earn 是自动运行的策略,不依赖于人的操作而运行。类似于货币市场基金,它也是以 1 美元作为标准的价格基准,收益部分在其上累加。相对而言,Aave、Compound、dYdX 在去中心化金融世界中是风险较低并且历史较长的借贷协议,因此 Earn 在去中心化金融世界中的风险也相应较低。

除了 Earn 以外,Yearn 还有 Vault、Zap、Cover 等产品。其中

Vault 根据既定策略，参与其他去中心化项目并获取收益，也可以使用一定的杠杆率，类似于对冲基金的操作方式。Zap 提供了数字资产的交换，Cover 提供了数字资产的保险协议。根据 Defipulse 的数据，截至 2021 年 3 月 11 日，共计 2.9 亿美元的资产存在资产池中（TVL），是目前最成功的自动收益类型协议产品。

当然，我们应当看到，区块链上的产品在其整体风险上仍然要远远大于传统银行产品，它们不能替代银行存款。Yearn 的操作方法和思路可以为传统金融所借鉴，自动化以及程序化能避免暗箱操作以及人为失误，提高透明度，进而在公开市场上提供让用户放心和安心的投资品种。

第 8 章

Opyn 协议

——衍生品交易平台

网址：opyn.co

代码库：https://github.com/opynfinance

期权是衍生品皇冠上的明珠，相较于现货和期货，期权提供了更多的可交易维度。同时，由于期权自带高杠杆属性，高杠杆带来了高风险和高波动性。因此，不仅仅对交易者风控能力，对交易平台的安全性也提出了极高的要求。

2021 年初的美国股票"游戏驿站"（GME），出现了一个散户购买的高潮。散户从美股经纪商罗宾侠（Robinhood）购买现货股票的同时，也大规模购入 GME 的看涨期权。大量的购买导致 GME 的股价出现剧烈波动，大量空头被迫平仓，股价从 1 月 12 日的每股 20 美元，一路飙升到 1 月 27 日的每股 347 美元。1 月 28 日，Robinhood 不得不暂停用户的新开仓操作并提高了保证金要求[①]。盈透证券（Interactive Brokers）的主席托马斯·彼特菲（Thomas Peterffy）指出，他很担心市场和清算系统在重压下是否还能够提供流动性，以及清算和市场中介的财务能力[②]。众多散户也对于经纪商临时关闭交易产生了强烈不满，后期监管也开始调查这一系列事件中是否存在违法和违规的行为。本章的重点不在于讨论这事件中参与各方的是非对错，但是期权产品所引发的系统性压力是显而易见的。通过期

①　资料来源：Robinhood 公告，https://blog.robinhood.com/news/2021/1/28/keeping-customers-informed-through-market-volatility。

②　资料来源：CNBC，https://www.cnbc.com/2021/01/28/robinhood-interactive-brokers-restrict-trading-in-gamestop-s.html。

权，散户以很小的资金撬动巨量的风险敞口，在 GME 的案例中体现为众多散户的盈利和部分对冲基金的亏损。这样的风险敞口也对系统稳定性产生压力，经纪商最终只能通过中止流动性这样极端的办法来进行应对。人们不禁要问，传统金融中的期权体系是否对于市场波动性准备充足？未来的金融系统如何更好地应对期权的大规模交易？

去中心化金融起源于数字资产，由于其天然高波动性的特点，期权协议从一开始就对此做了充足的准备。链上期权平台 Opyn 在去中心化世界中首家提供了期权产品协议，生成和交易区块链上的期权产品。目前它共迭代出两个版本：V1 和 V2，接下来以最新的 V2来介绍其主要内容。

（1）Opyn 所交易的期权为欧式期权，用户可以买入、卖出双向交易，也支持用户交易看跌期权价差（put spread）和看涨期权价差（call spread）。

（2）出售期权需要提供质押物。卖出看跌期权（put）的用户需要提供 USDC（由美元支持的稳定币），卖出看涨期权（call）的用户需要提供标的资产（如 ETH）。对于价差期权的卖出方，用户的质押金额为期权行权价的差额。

（3）期权到期自动行权，差额部分以现金来支付对价。其中价格数据来自 Chainlink，在到期后程序自动获得相应的资产价格并计算损益。为了额外增加安全保障，防止价格数据故障造成的损失，用户有两小时的时间窗口可以对价格提出异议。如果无异议，时间期满之后，系统自动进行相应的对价支付。

为了促进产品流动性，Opyn 进行了期权代币化的尝试，也就是说每一个期权转化为一个符合 ERC20 标准的代币（oToken），这样每一个期权都可以单独作为一个资产，在 Uniswap、0x 等协议上进行交易。通过这种方式，它能够充分利用订单簿和非订单簿模式的流动性，使每一个期权都变成一个标准化的通用资产，打通多个交易平台，让流动性进入并联模式，而不再仅仅是串联模式。增强期权的流动性，对于提高整个系统的效率和降低参与各方风险都有非常大的意义。

由于期权产品的特殊性，期权的卖出方的理论风险可以是无限的。Opyn 通过要求质押物的方式来消除对手方风险。作为看跌期权的卖出方，当他卖出的是看跌期权时，他的最大损失是标的行权价格，Opyn 要求用户质押相应足额的 USDC；作为看涨期权的卖方，他的最大损失可以是无限的，取决于标的资产的最终价格，因此 Opyn 要求用户质押相应的标的资产。这样的做法降低了资金使用效率，但是有效地降低了对手方风险以及我们前文中所描述的平台风险。作为补偿，Opyn 的质押资金本身也作为存款，可以获得收益。

目前去中心化金融期权协议的发展仍然处于早期，但是其表现出强大的生命力和巨大的前景。Opyn 尝试进一步提高资金使用效率和流动性水平。为了保障安全性，Opyn 悬赏 10 万美元寻找系统漏洞。传统金融对于期权产品的处理，目前也仍然有很大的提升空间，因此去中心化金融协议在这个领域的尝试对于双方都具有极高价值。

第 9 章

Synthetix 协议

——合成资产平台

网址：synthetix. exchange

代码库：https://github. com/Synthetixio

Synthetix 是一个基于以太坊构建的去中心化合成资产协议。Synthetix 可以生成的合成资产种类非常多，包括法定货币、虚拟资产、指数以及各种大宗商品。除了种类多以外，它可以生成多头正向和空头反向两类资产。其生成的正向资产前缀都是 s，比如合成比特币 sBTC，合成美元 sUSD，合成苹果公司股票 sAAPL 等；相应的，它也可以合成反向资产，前缀是 i，比如合成看空比特币 iBTC 等。当比特币价格下跌时，iBTC 价格上涨，实现做空的目的。

提供特定类型资产多头和空头的例子在真实金融世界里有很多。以纳斯达克指数为例，QQQ 基金是目前最大规模的追踪纳斯达克的交易型开放式指数基金（ETF）；做空纳斯达克指数的基金则包括 PSQ 和 SQQQ 基金等。传统金融市场中的做多基金一般是直接持有对应指数的股票份额来追踪相应的业绩表现；做空基金一般做法是通过卖出指数期货，来实时模拟相应的风险敞口。

Synthetix 的设计思路则是通过超额质押的方式来完成合成资产的生成，用户通过质押资产立刻获得他所要的合成资产风险敞口。由于不需要交易就可以形成特定敞口，因此它不存在流动性和滑点的问题。合成的资产对于系统而言是一个负债，它背后并没有真实的资产和仓位进行支撑。为了保证负债体系的健康、稳定运行，系统要求按照债务系统的风控原则来进行管理。现在的系统质押率为 750%，这个质押的比率是非常高的，也就是意味着 750 美元的保证金资产，只能生成 100 美元的风险敞口，因此整个系统能够经受较大的波动。目前作为质押物的资产主要为其原生资产——SNX 代币。真实世界的实时交易价格来自 Chainlink。Synthetix 的交易界面如图 9-1 所示。

PAIR ↕	LAST PRICE ↕	24HR CHANGE ↕	24HR LOW ↕	24HR HIGH ↕	24HR VOLUME ↕
sLINK / sUSD	$28.41	-5.05%	$28.41	$30.30	$1,618,509.24
iBTC / sUSD	$24,944.11	3.58%	$22,725.00	$24,946.07	$1,172,981.29
sETH / sUSD	$1,749.89	-3.01%	$1,749.89	$1,840.18	$1,154,786.97
sEUR / sUSD	$1.19	-0.15%	$1.19	$1.20	$645,502.57

图 9-1　Synthetix 的交易界面图

资料来源：Synthetix。

Synthetix 本质上提供了一种链上世界和真实世界的映射，映射的可信度来自超额的质押和系统保障。由于资产的生成不依赖于对手方，它的流动性约束较小，理论上具备无限流动性。这种替代交易对手方的模式，并没有消灭对手方风险，而是将风险归集到整个系统中，以智能合约的形式进行管理。同时，我们必须要看到，这种模式对质押物的资产稳定性提出了很高的要求，质押物就是产品大厦的基石。如果质押物的资产出现剧烈的贬值，那么整个系统就会面临极大的风险。

目前质押 SNX 的用户为整个系统的风险总敞口提供了安全保障，某种意义上他们充当了次级投资人的角色。站在全局的高度来看，部分正向和反向的产品敞口互相抵消，净头寸又在不同资产之间进行了风险分散。系统会促进整体的质押率稳定在最佳水平，即750% 左右，并提供部分激励给质押的用户。为了补偿质押用户承担的风险，系统也会在每周将交易手续费分成派发给质押者。

　　为了确保合成资产的成交价格准确跟随标的资产，系统提供了一套套利机制，来鼓励用户进行套利并熨平价格差异，同时也会定期进行 SNX 资产的拍卖，以融资进行主动价格套利。截至 2021 年 5 月 14 日，Synthetix 上总的锁仓资产为 34 亿美元。Synthetix 提供了一种全新的路径以提供用户需要获得的风险敞口，这种探索极具创新性和可借鉴性。

第 10 章

MetaMask

——去中心化钱包

网址：metamask.io

代码库：https://github.com/MetaMask

去中心化金融创新技术为广泛的应用场景提供了诸多可能性，其中，作为应用基本入口的去中心化钱包在其中发挥了重要作用。这其中的代表性应用是基于以太网络和支持 ERC20 代币的 MetaMask，它保持了开源的特性和易于使用的特点，是目前以太网络上最受用户欢迎的钱包类应用。截至 2020 年 10 月，总月度活跃使用人数（Monthly Active Users）超过一百万人[①]。

MetaMask 是一款免费钱包软件，最早由 ConsenSys 在 2016 年推出。它可以兼容 Chrome 浏览器、Firefox 浏览器和 Brave 浏览器。通过安装相应的拓展包，用户可以在浏览器上直接操作和参与去中心化金融的应用和编程。从 2019 年开始，它也推出移动端的 App。

MetaMask 的作用非常类似于大家在日常生活中使用的手机 App 或者网上银行。从效果上来，它打破了传统网络浏览器和区块链之间的界限，让用户的使用和操作更加便捷，同时保障了安全。在浏览各个协议和项目的网站页面时，用户可以通过 MetaMask 钱包来直接进行交互，参与去中心化金融业务的全流程。同时，用户也可以和其他钱包进行直接交互。另外，用户也可以设置多个钱包，以更

① 资料来源：https://medium.com/metamask/metamask-exceeds-1-million-monthly-active-users-9da72a1e915d。

好地提供隐私保障。去中心化钱包和协议共同构成了整个去中心化金融的基本细胞，无数个细胞之间的交互构成了整个生态系统。从其发展的脉络来分析，MetaMask 属于 web3 的一个发展层级，区别于传统的 web2 浏览器，打造出一个更加扁平化和分布式的生态环境，用户可以控制自身数据和浏览记录。

对于金融业务入口而言，安全性是至关重要的。传统观点认为，区块链硬件钱包的安全性优于网络钱包，冷钱包的安全性优于热钱包。Metamask 属于网络钱包，具体来说是分层确定性钱包（Hierarchical Deterministic Wallet，或 HD 钱包），区别于早期的非确定性钱包。在比特币钱包刚刚推出的时候，钱包客户端自动生成共钥-私钥对，这些私钥之间没有关联，因此钱包需要对每个私钥挨个进行备份，因此操作会相对烦琐。在此之上发展了确定性钱包，它会随机产生一个种子（Seed），根据这个种子生成一系列私钥-公钥对，这样备份就会容易很多。在确定性钱包之上，加入分层技术可以提高钱包的灵活性，增强可分享性，这就是分层确定性钱包的基本框架。助记词系统是由 BIP39（Bitcoin Improvement Proposal 39）[①]提出的，助记词就是钱包的种子。用户不再需要记住复杂的私钥密码，而可以用更容易记忆的助记词，并且保持了极高的安全性。在创建 MetaMask 时，钱包会自动生成 12 个助记词的密钥，用户需要妥善保管。当点击确认保存密钥完成以后，钱包就生成了。目前为止，MetaMask 没有发生过重大安全事件。

MetaMask 的界面简洁，采用了扁平化的页面展示，列示用户所有的资产项目和操作记录。用户可以在多个钱包地址中进行切换，选定特定的钱包地址与协议进行交互（见图 10-1）。

---

① 资料来源：BIP 39，https://en.bitcoin.it/wiki/BIP_0039。

图 10 - 1 MetaMask 界面

资料来源：MetaMask。

第 11 章

DeFi 的治理结构 DAO[1]

① 本章作者：Alice He 女士，区块链钱包、DeFi 产品经理，加密货币投资爱好者。

　　计算机技术社区通过各种不同的方式实现一个更高容量、更安全同时依然是全去中心化的通用计算平台，为下一阶段的去中心化金融革命提供坚实的基础。对于 DeFi 而言，如果说智能合约替代了中介服务，实现程序自动化运行，那么 DAO 则是 DeFi 运行的组织制度，实现去中心化的治理与运营。从某种意义上来说，DAO 在"组织性"上体现了 DeFi 世界的开放性、民主性以及多样性，DAO 赋予了 DeFi 项目去中心化的"灵魂"。

一、什么是 DAO

　　DAO 的全称为 Decentralized Autonomous Organization，即去中心化自治组织。起初由 EOS 创始人丹尼尔·拉里默（Daniel Larmier，简称 BM）提出去中心化自治公司（DAC，Decentralized Autonomous Corporation），之后在以太坊的白皮书中由维塔利克·布特林（Vitalik Buterin）定义了 DAO 的概念。

　　在传统中心化的公司组织形式中，组织成员之间不论董事、股东、首席执行官（CEO）、员工等，均以合同方式进行约束，签订契约、权益声明等，并明文盖章产生法律效应。去中心化组织则以智能合约签订协议，并通过持有治理代币（token）来行使权益，对比中心化组织，这些权益类似公司股权、分红收益、代表投票的话语权等。智能合约不需要经过任何第三方机构，如法院，去认证双方协议的有效性，双方共识已由智能合约自动完成。是否持有治理代币由用户个人控制与决定，组织不进行任何强制绑定。组织成员们通过治理代币的持有来行使治理权。

从广义上理解 DAO，我们可以认为是任何去中心化的自治组织。这个组织可以是某个 DeFi 项目，也可以是某个慈善组织、众筹组织，等等。在 DAO 组织里，每个成员都有机会去塑造他们心中的 DAO，而每一份组织规则、协议、条款、交易记录等都能在区块链上查询，所有记录公开透明，且不可篡改。因此，DAO 是一种全新的人类组织协同方式，代表着去中心化的管理，以实现更高层面的公平和自由，但也有不同的声音认为，这种把决策权交给大众们的想法有些不现实，智能合约也存在安全问题。本章回顾 DAO 的发展历程，从最初的 The DAO 到 Aragon、Maker DAO、Moloch DAO，在 DAO 的实验与探索中，探一探究竟什么是 DAO 的"全貌"。

二、The DAO

2016 年 5 月初，由以太坊社区成员通过智能合约创建了 DAO，这个 DAO 也被称作"创世 DAO"。由 Slock.it 团队提交了开源代码，并用"The DAO"的名称进行了部署，随后在短短 28 天内募集到了 1 270 万个 ETH（当时价值约 1.5 亿美元），成为史上最大的众筹项目。

The DAO 的目标是成立一个去中心化的风险投资基金，通过持有 The DAO 的代币来对投资方案进行投票，让任何人都有权参与投资计划。然而就在两个月后，一名黑客发现了代码中递归函数调用的致命漏洞，从合约中抽走了 360 万个 ETH。当天以太坊社区开发者停止所有交易对的验证,ETH 价格也暴跌了 53%。为应对该事件,以太坊创始人布特林提议硬分叉,新链命名为以太坊,从而将被盗的资产退还给 DAO 的参与者们。The DAO 的黑客攻击事件后,智能合约的安全审计也引起了人们的高度重视。

虽然 The DAO 失败了,但去中心化组织的星星之火并未熄灭。此后 DAO 的形式发展多样,并通过形式创新与改进机制变得日益完善,如 Aragon、MakerDAO、MolochDao 等,不仅可以几分钟内定制 DAO,也有专为 DeFi 项目服务的 DAO,以及无营利目的的 DAO 组织,并且在安全性上也有很大的改善。

三、Aragon

Aragon 有 DAO 工厂之称,作为 2017 年推出的 DAO 生态系统,Aragon 认为 DAO 应该是一种公益性质的工具,无须持有任何代币,每个人都可以免费使用。因此,Aragon 致力于打造一个无专业门槛的 DAO 定制平台,其目标用户是无政府组织、远程公司、基金会等。截至 2020 年末,基于 Aragon 平台创建的 DAO 已管理着超过 3.5 亿美元的资产。

Aragon 目前推出的产品包括 Vocdoni 和 Aragon Client,其中 Vocdoni 是为去中心化组织提供的投票解决方案,设计开放的合约,社区能在该合约下投票。主要功能特色包括:①去中心化——包括以太坊区块链、网关、共识服务、矿工、预言机以及去中心化存储系统;②隐私性——提供私人定制服务,完全保护用户的隐私,定制个性化的 DAO。

Aragon Client 提供自定义创建的 DAO 服务,目前为 V1 版本,即将推出的 Aragon Govern 为 V2 版本。通过 Aragon Client 创建

DAO,任何去中心化社区可筹款、管理财务并奖励贡献者,在社区透明治理下,组织成员共同参与财务决策。①

四、MakerDAO

MakerDAO 是大名鼎鼎的 DeFi 项目——Maker 的去中心化自治组织。MakerDAO 的想法最初由鲁内·克里斯滕森（Rune Christensen）2015 年 3 月 26 日发布在以太坊公共论坛上,MakerDAO 作为去中心化的治理组织,通过嵌入自治机制来管理 Maker 协议。该组织成员包括 MKR 持有者、社区声誉成员以及生态系统持股者们。MKR 持有者拥有对 Maker 协议进行修改的投票权。对于 Maker 的链上治理是完全去中心化的,因为一旦部署了协议,没有任何一方能单独更改。

MKR 是其治理代币,组织成员通过持有 MKR 代币,参与 Maker 的投票,进行社区治理。具体操作都在投票智能合约上实现,包括民意调查与执行投票。MKR 的持有者首先需要将 MKR 锁定在投票合约中（MKR 可随时赎回）。投票结果由进行投票的 MKR 根据票数决定。例如,50 个持有者共持有 600MKR 对提案 A 进行投票,而 100 个持有者总共持有 400MKR 对提案 B 进行投票,则提案 A 将以 60%的选票获胜。投票最终结果与投票者的数量无关,只取决于每个提案的 MKR 代币数量。除了投票,还有链上民意调查,后者用来衡量 MKR 选民的情绪,成员们可以通过 Maker Foundation 进行查询②。

---

① 部分参考 Aragon 官网,网址：https://aragon.org/。
② 资料来源：MakerDao 白皮书。

　　MakerDAO 作为早期使用治理代币进行去中心化 DAO 治理的典型,其他 DeFi 项目也纷纷效仿,如 Kyber 的 KyberDAO、Synthetix 的 SynthetixDAO。这些 DeFi 项目通过治理代币让持有者进行社区管理,对协议规则进行投票表决,让所有成员参与到平等公平的社区自治中。

　　随着 DeFi 的不断发展,DAO 的理念也体现在之后各类 DeFi 项目中,比如 Compound 利用其 COMP 代币启动了社区治理工作,Yearn 让 YFI 社区成员投票参与 Yearn 的未来计划。尽管很多项目没有明确提出 DAO 的治理机制,但几乎所有 DeFi 项目都创建了去中心化社区投票机制,并赋予社区投票在协议管理上举足轻重的地位。因此,DAO 就像这些 DeFi 项目的去中心化社区,持有代币的成员们拥有天然赋予且无法剥夺的自治权利。可以说,DAO 与 DeFi 相辅相成,已然密不可分,正如前文所言,DAO 让 DeFi 项目拥有了去中心化的"灵魂"。

五、MolochDAO

　　除了可定制 DAO 的 Aragon、专门服务 DeFi 项目的 DAO,还有一些共享型的 DAO,如 MolochDAO。MolochDAO 的创建初衷是通过收集赠款,为以太坊开发提供资金,促进其基础设施的发展。这有些类似最初以太坊基金会创建的 Marketing DAO。任何基于以太坊的项目都可以向这个 DAO 中投入资金。两位以太坊联合创始人布特林和约瑟夫·鲁宾(Joseph Lubin)分别为 MolochDAO 捐赠了1 000 ETH,至今,Moloch DAO 已为包括 Lighthouse 安全性审计、Tornado Cash 等以太坊项目资助超过 30 万美元的资金。

　　作为共享型 DAO,Moloch 不具备很强的倾向性,可以与不同代币、功能和扩展程序结合起来。Moloch DAO 鼓励用户协作，精减资本管理的步骤和流程，减少组织的协作成本。[①]

值得一提的是，MolochDAO 设计了一种怒退（ragequit）机制。任何人都可以向 MolochDAO 提交提案，并获得资金。而出资人对于那些不喜欢的提案，可以在该提案通过之前带着自己的资金退出，这就是怒退机制。怒退机制会销毁用户的份额并将等价值的资金退还给用户。这样大幅度地降低了协调成本。此外，Moloch 没有参与率门槛，即"需要多少人参与投票，该投票才有实际效力"。投票的数量不重要，仅由赞成票的比例决定，如果赞成票数不超过 50％，则该提案不通过。

总的来说，Moloch 既设有怒退机制，又不设参与率门槛，大幅降低了人员组织和资金分配的协调成本，提高了组织协作效率，在 DAO 的多样性探索上具有积极的代表作用。

六、DAO 目前的诟病

尽管 DAO 的去中心化机制看上去完美，让治理和决策更公平、公开、公正，且减少了物理空间限制，但现有 DAO 也存在以下方面的问题：

（1）合约安全问题。DAO 建立在智能合约之上，合约的安全性会对 DAO 产生直接影响。

（2）时间效率问题。去中心化治理的大部分决策通过投票来完成，一定程度会降低决策完成的效率。

（3）法律合规问题。有关 DAO 的法律条款尚未制定，因此这类

---

① 资料来源：Ven Gist 的 Moloch Primer for Humans。

组织在法律定位上较为模糊,去中心化的智能合约是否合规,尚未有法律明文正式认可。同时,我们也注意到国际范围内积极的进展,2021 年 4 月 21 日,美国怀俄明州议会正式批准了 DAO 法案,将于 2021 年 7 月 1 日正式生效,其法律地位得到了认可。

七、DAO 的未来可期

自 2016 年发展至今,人们对于 DAO 的探索越来越深入,Aragon 创始人路易斯·昆德(Luis Cuende)认为 DAO 是无中心化管理的一群人,围绕一组共享的规则进行协调以实现共同的使命。placeholder 联合创始人乔尔·莫内格罗(Joel Monegro)曾评论称:"DAO 在任何有互联网连接的地方都是可用的,而且它们的全球性使得管理来自全球的成员变得容易。你可以把 DAO 编程成任何东西。一个数字组织可以是一个营利性的企业,一个非营利的基金会,一个合作社,甚至是一个法庭。"

DAO 的形式呈现出多元化趋势,有关 DAO 的实验也让人期待。人类组织经历万年的发展演变,不论何种表现形式,组织都是在一定的环境中为实现某种特定的目标,由人按照一定的结构形式、活动规律结合起来的群体。组织的构成要素包括人、目标、结构、管理。每个 DAO 都有一个特定的目标,这个目标既可以是广义的,又可以是狭义的,由 DAO 自己决定。

中心化组织形式发展目前已相当成熟,如机构、公司等,而去中心化的组织还处在雏形期。在 Aragon 官网展示页上,有一句醒目的话:Central points of failure are holding us back—we're changing that.(失败的中心点阻碍着我们——我们正在改变这一点)。去中心化组织的探索将打破原有的规则去创建新的秩序,这种实验是刺激的，同样也是富有挑战性的。DAO 构建在区块链上，成员分散在世界各地，通过智能合约协议产生联系，同时通过持有治理代币来获得治理权利与权益，所有成员间的协调通过 DAO 来完成。未来是否会出现"超级 DAO"，完美执行去中心化的组织事务，让人既好奇又兴奋。最后，对于 DAO 无止境的探索，未来 DAO 如何发展，以及将为 DeFi 世界带来怎样一笔浓墨重彩，我们万分期待。

第 12 章

数字资产欧美地区监管环境简介①

① 本章作者：毕艳梅，西南政法大学硕士、澳大利亚邦德大学法律博士（JD, Juris Doctor），拥有中国和澳大利亚新南威尔士州两地律师职业许可证，取得国际反洗钱专家认证（ACAMS）。先后任职于金杜（广州）律师事务所、香港廖何陈律师事务所、某大型金融集团。主要从事数字货币、区块链技术等互联网金融领域的合规法律问题研究与实务，主导拿下自主申请的直布罗陀 DLT 牌照、全球第一个数字资产公益牌照以及法币借贷等多个牌照，在数字货币领域，特别是合规金融牌照申请方面具有丰富的经验。

随着区块链技术应用的推广与发展,金融领域正悄然发生着变化。数字金融市场从原始的野蛮生长逐步走向规范化,以比特币为引领的数字资产市场备受瞩目,也展现了数字金融市场监管政策的变迁历程。自 2017 年以来,数字资产在全球热度攀升的同时,全球各国各地区监管机构出台相关监管政策也相当密集。数字资产的优势决定了其由隐性交易转向市场开放交易的必然趋向,因此接受监督、规范发展也成为下一个时期的主导方向。针对各国数字资产行情、法律制度等的理论研究方兴未艾,虽然已有相关论述,但是学术界对域外数字资产监管政策方面研究数量少且比较单一,主要是对域外监管机构发布文件进行翻译,对监管政策变动背景、如何实际应用等方面研究却非常匮乏。本章的笔者进入数字资产行业已近 4 年,主要担任国际法务合规工作,既见证了数字资产在国内的波动时期,又深度参与了头部交易所在亚洲以及欧美地区设立主体、申请牌照以及维持与监管机构的沟通等重大业务的合规管理,熟知欧美地区特别是欧洲的监管政策。因欧洲数字资产市场相对发达,监管政策具有前沿性,有鉴于此,本章充分结合域外监管政策与实践操作,结合政策背景与成功经验,以欧美主要地区的数字资产监管环境为参照,重点阐述相关政策,以帮助行业相关从业人员或对数字资产行业有兴趣的人员全面了解欧美地区的主要数字资产监管政策。

一、欧盟地区数字资产监管政策情况

欧洲划分为欧盟地区与非欧盟地区，欧盟地区作为欧洲重要的经济体，是数字资产发展的前沿阵地，因此本章先概括介绍欧盟地区的数字资产监管环境，再详细分析重点地区（如立陶宛、德国、马耳他）的监管要求，而后选取非欧盟地区的重要国家（如英国和直布罗陀）加以论述。

1. 筹建中的统一监管制度：《加密资产市场条例（草案）》

在深入了解相关欧盟成员国家的具体监管政策之前，需要明确的是：截至 2020 年 3 月，整个欧洲包括欧盟国家尚未对数字资产交易所、钱包托管的统一牌照或监管框架制定统一法则。随着数字资产全球化发展速度不断加快，应用范围不断拓展，立法的迫切性也不断上升。自 2019 年以来，欧盟委员会开始筹划给予所有的加密资产架构一个全面的立法和监管框架，以引导数字资产的合规发展和保证数字资产的良性运行。2020 年正在审议的《加密资产市场条例》（Market in Crypto-assets Regulation，简称 MiCA）便是数字资产统一监管制度的主要成果之一，同年 9 月 MiCA 议案文件发布。根据欧盟以往的立法周期推算，从议案到正式立法一般需要等待 3～7 年。这给了已经、正在或将要布局欧洲市场的数字资产行业足够的准备时间，迎接即将到来的监管。

从立法目的看，MiCA 旨在明确加密资产的法律状态以及监管要求，平衡监管与技术创新的问题。在支持技术创新的同时，保护用户和投资者的资产安全，确保金融行业的正直性与稳定性。从体系内容看，MiCA 所涉范围之广泛、内容之全面、要求之严格都是前所未有的。囿于当前的《金融工具市场指令 2》(简称"MiFID Ⅱ")适用范围无法涵盖加密资产活动,MiCA 对《金融工具市场指令 2》进行修订,涵盖加密资产业务并对稳定币等制定特殊规则体系。从法律效果看,该条例一旦生效将至少产生两大作用。第一,现行的所有数字资产都会被纳入监管范围。监管部门将对数字资产实行规范管理,在牌照申请、运行监督等方面适用统一标准。第二,EEA(欧洲经济区)成员国之间的相关牌照授权许可实现跨境通用。MiCA 将统一适用于整个 EEA 地区,无须各个 EEA 成员国就加密资产再单独制定相关的法律法规。法律生效后,在任何一个 EEA 成员国获得牌照或监管授权许可的加密资产服务提供商,无须再在其他 EEA 成员国重复烦冗的牌照或监管授权许可流程,只须通过简单的通行证(passporting)流程就可以直接在其他成员国合规地开展业务。

2. 牌照许可通行机制:通行证

金融机构在欧盟地区进行合规布局,不得不了解的一项金融牌照许可机制就是"通行证"制度。该制度设立的目的在于消除 EEA 成员国之间自由贸易的监管壁垒。"通行证"制度不仅仅存在于 EEA 地区,对于其他非 EEA 地区,两个或两个以上的国家之间也可以签署协议,对双方的牌照许可予以认可(例如,脱欧后的直布罗陀与英国之间)。金融牌照通行证制度免除了被授予牌照或许可的个人或企业在另一地重新申请相关资质或牌照的流程。一般而言,某个金融牌照通行制度,具有以下三点特征:

其一,互认性,牌照授予国与拟"通行"的目标国之间签署了相关牌照"通行"的协议或条约,对彼此授予牌照的机构或个人进行授权或认可。

其二,对等性,牌照授予国与拟"通行"的目标国之间具有对等或相同的监管框架，如 EEA 地区有统一的 MiFID II 牌照机制、电子货币机构或银行牌照等金融牌照许可机制。举个例子，在德国已经有专门的加密货币钱包提供商牌照许可机制，而西班牙没有对应的牌照许可机制，此种情况下在德国申请的钱包提供商牌照便无法在西班牙"通行"。

其三，快捷性，"通行"制度的设立是为了使已经在一国获得牌照的机构和个人免于在拟"通行"的目标国经历冗长的牌照申请流程，只须走简化的注册报备流程即可。

一般而言，牌照通行的方式有两种：一是在目标国设立分支机构，二是通过跨境向目标国提供服务。对于数字资产行业，如上述所说，因在 EEA 地区没有统一的有关数字资产的专门的牌照许可机制，所以暂时无法实现数字资产相关牌照的"通行"。当前数字资产相关牌照许可无法通行适用的尴尬情境，也间接导致部分数字资产领头企业不会选择先在欧洲地区部署数字资产相关牌照。一旦 MiCA 生效，这种状态就会发生巨大改变。当然，该"通行"制度对于需要在欧盟或欧洲境内部署法币相关金融业务的机构已然存在，比如申请 MiFID II 牌照、EMI 或银行牌照实现从法币到数字资产的入金。这就是为何 Coinbase 等领头合规交易所都会提前在欧洲部署法币入金相关牌照。Coinbase 在欧洲的部署是早期在英国设立 EMI，为了规避英国脱欧后无法再在 EEA 地区通行覆盖的风险，继而在爱尔兰申请了 EMI。但截至目前，Coinbase 并未在欧洲任何国家申请专门的数字资产相关交易所或钱包托管等牌照。

3. 监管的重要衡量：反洗钱标准

数字资产的虚拟性、全球性、隐秘性等特征，决定了数字资产容易被洗钱者加以利用。因此，数字资产的诞生，伴随着反洗钱的监管历程。从初步认知到正式报告，从 4 号指令到 5 号指令，欧盟地区对数字资产的反洗钱监管大致经历了四个阶段：

第一阶段，在欧盟中央银行虚拟货币报告中，初步认识到虚拟货币洗钱的风险。2012 年 10 月，欧盟中央银行（ECB）发布了一份虚拟货币报告。这是第一次在欧盟层面提及虚拟货币，ECB 明显认识到了虚拟货币的匿名程度会带来不同的洗钱/恐怖金融（ML/FT）风险，因而当时建议监管机构至少应降低恐怖主义者、罪犯以及洗钱人士为非法目的利用这些虚拟货币的可能性。

第二阶段，欧洲银行业管理局（EBA）以官方形式发出正式意见。2014 年 6 月，EBA 针对虚拟货币发布了一份正式的意见。该份意见特别指出了虚拟货币带来的潜在 ML/FT 风险。

第三阶段，数字资产反洗钱制度化管理的初期，欧盟制定第 4 号反洗钱指令。2015 年 5 月 20 日至 2018 年 7 月 9 日，欧盟出台了第 4 号反洗钱指令（AMLD 4）。该指令是为了执行金融行动特别工作组（Financial Action Task Force，简称 FATF）在 2012 年提出的 ML/FT 建议。AMLD 4 中针对 ML/FT 设立了最低标准，要求欧盟成员国在维持或高于该标准的基础上制定各国自己的标准以防利用欧盟金融体系进行洗钱或恐怖金融。AMLD 4 适用于所有的金融机构，包括审计员、公证员以及房产中介。该指令要求适用的实体和专业人员履行 KYC 义务，对其客户的身份、受益所有人身份进行核实并进行持续监控。但在 AMLD 4 出台的过程中，虚拟货币的话题还处于萌芽阶段，所以制定伊始没来得及在该指令中针对虚拟货币的洗钱和恐怖金融做相关规定。2016 年 7 月 5 日，欧盟委员会提出对欧盟第 4 号反洗钱指令进行修正的议案。该议案是欧盟委员会于 2016 年 2 月宣布的针对反恐金融行动计划的一部分，也回应了 2016 年 4 月"巴拿马文件泄露事件"。

　　第四阶段，数字资产金融风险防范全面制度化时期，欧盟制定第5号反洗钱指令。2018年4月19日，欧盟议会通过了欧盟第5号反洗钱指令（AMLD 5），且该指令于同年6月19日在欧盟理事会也获得了通过，它于2018年6月19日在欧盟办公室期刊上正式发布，并于2018年7月9日正式生效。欧盟各成员国须在2020年1月10日之前，按照AMLD 5的规定修改自己国家的相关制度。AMLD 5明确其目的之一为治理与虚拟货币相关的恐怖金融风险。在这种背景下，虚拟货币交易平台以及托管钱包提供商都被纳入AMLD 5的监管范围。反洗钱标准的制定意义重大，在保护好数字资产所带来创新成果的同时，也防范了可疑的交易。

　　欧洲很多国家和地区对于数字资产交易及钱包提供服务等没有出台专门的法律法规或专门的牌照要求，因而在实践中，很多欧洲的虚拟货币交易所或钱包提供商在满足基本的AML/CFT和GDPR要求的情况下，其服务和产品不做针对特定市场的市场宣传或搭建本地办公场所或在本地直接招揽用户，而是通过反向问询（reverse inquiry）的方式向大部分欧洲国家和地区开放。例如，很多在直布罗陀申请金融牌照的金融机构，不会只是因在直布罗陀针对当地用户提供服务或产品而申请牌照，而是基于该牌照，反向问询以及通过直布罗陀部署英国金融市场的战略考虑等（这部分会在下文直布罗陀部分再细述），接收来自大部分非强监管的欧洲国家和地区的客户。

二、欧盟重要成员国国家的前沿监管制度

1. 立陶宛

　　之所以首先选取立陶宛，是因为它属于欧盟成员国中少有的对

加密货币交易所和钱包运营商有明确牌照要求的国家之一,其监管机构是立陶宛的中央银行——立陶宛银行。立陶宛目前有两种数字资产相关的牌照:①加密货币交易所运营商牌照(crypto currency exchange operator);②加密货币存储钱包运营商牌照(crypto currency depository wallet operator)。这两种业务活动独立于受规制的传统金融活动(支付以及 EMI 等),被许可的金融机构可以为注册的加密类公司提供法币支付服务以及为这类公司的客户提供法币出入金通道。①

2014 年 1 月 31 日,针对欧洲银行业管理局对虚拟货币发布的警告函,立陶宛银行明确了其立场,对虚拟货币的潜在风险给予了用户警告。2014 年 7 月 16 日,针对 EBA 对虚拟货币的意见,立陶宛银行建议信用机构、支付机构、电子货币机构不要购买、存储或销售虚拟货币,以减少虚拟货币计划和受监管的金融服务的互动所产生的风险,包括洗钱和其他金融犯罪相关的风险,以及参与虚拟货币计划的市场参与者的财务能力相关的模糊性和不确定性。并且,立陶宛银行还向个别金融市场参与者(Financial Market Paticipant,简称 FMP)回应,通知他们虚拟货币相关的活动与金融服务不能兼容,因此虚拟资产相关的活动应当与支付或电子货币机构的活动分开。2019 年 1 月 21 日,立陶宛银行董事会通过决议,发布了有关虚拟资产和首次币发行(Initial Coin Offering,简称 ICO)的立场文件。② 进一步明确了 FMP 从事业务活动的禁止规定、适用范围、反洗钱标准等要求。

通常情形下,根据上述立场文件要求,提供金融服务的 FMP 在

① 资料来源:https://www.loc.gov/law/help/cryptoassets/lithuania.php。
② 资料来源:https://www.lb.lt/uploads/documents/docs/21410_afc0daafce702d949014 d46ea0a97550.docx。

立陶宛需要做到以下三点基本要求：一是不应当参与虚拟资产相关的活动或服务，应确保其所提供的金融服务与虚拟资产相关的活动相区分。二是确保所提供服务的性质不会对客户产生误导，把客户的金融风险降至最低。三是确保满足反洗钱（AML）和反恐金融（CTF）的相关要求，在向从事虚拟资产相关活动的客户提供金融服务时，应做到反洗钱反恐审查要求，采取适当的措施降低 AML/CTF 的风险。

考虑到立陶宛对数字资产相对友好，有些数字资产领域的初创公司希望快速拿到数字资产相关牌照或 EMI 等牌照。目前立陶宛已经允许专业投资人拥有数字资产，私有公司接受加密货币作为支付方式，以及通过第三方交易所进行加密货币出金。当然，立陶宛的 FMP 不能让他们的名字、品牌、域名或者其他公司特征等与提供虚拟货币相关联。① 总的来讲，虽然立陶宛银行对数字资产行业依然存在一些顾虑，但正在逐步对数字资产行业释放出更多友好的信号。

2. 德国

德国的金融监管机构是 BaFin（Bundesanstlat für Finanzddien-stleistungsaufsicht，简称 BaFin）。由于欧盟 AMLD 5 的要求，德国修订了之前的 KWG，从 2020 年 1 月开始采用新的监管机制，德国立法者希望以此来在更广泛的层面监管加密业务，而不仅仅只是对虚拟货币交易业务和加密资产托管业务增加反洗钱要求。②

在德国，数字资产的法律分类取决于相关数字资产具体的特征，既可能属于数字支付通证或加密资产，也可能属于电子货币、金融工

---

① 资料来源：https://iclg.com/practice-areas/fintech-laws-and-regulations/lithuania。
② 资料来源：Section 2(1) of the German Money Laundering Act（Geldwäschegesetz-GwG）。

具或证券。根据新的 KWG，加密资产（包括支付通证和证券型通证）成为新型受监管的金融工具。但电子货币以及《德国支付服务监督法》（Zahlungsdiensteaufsichtsgesetz，简称 ZAG）定义的货币价值不属于加密资产，依然由 ZAG 进行规制，需要按照 ZAG 申请相关牌照。如稳定币属于电子货币，需要依据 ZAG 申请相关牌照。由于 2013 年起 BaFin 就已经将此类型的加密资产归类于金融工具，纳入现有的金融工具类型下进行规制，因而不属于加密资产的新类型。

在德国境内或在德国境外向德国境内的人提供场内还是场外的币币交易和法币交易都需要向 BaFin 申请金融服务的牌照，并满足 GWG 所规定的 KYC/AML 要求。需要注意的是，即使只是在德国境外进行宣传推广，但是用户群体是瞄准德国市场的，这也可能触发德国法律规定的牌照申请要求。部分机构可能会试图基于反向问询来接收德国境内的用户，规避牌照申请的要求，监管会对具体案例具体分析。总的来说，德国监管要求严格，试图基于反向问询来论证相关机构接收德国用户的合理性会很难，使用德语或使德国用户可以访问相关服务或产品的网站或应用程序，非常有可能让机构无法依据反向问询来接收德国客户。虽然反向问询在很多国家可以作为合法接收当地用户的依据，但每个地区的政府、监管以及法院对其支持的程度并不一样，针对德国用户须尤为慎重。

另外，根据《德国银行法》（Kreditwesengesetz，简称 KWG）规定①，当不涉及电子货币类通证时，提供数字资产借贷服务不构成德国法律上的借贷业务，因而只要不涉及法币借贷，无须专门申请币币借贷牌照。

---

① 资料来源：Section 1(1)2 No. 2 KWG。

3. 马耳他

2018 年马耳他政府为数字资产及其相关的 AML/CFT 问题引入了专门的新的监管框架，制定了新的法律，包括《马耳他数字创新管理局法》（Malta Digital Innovation Authority Act，简称 MDIA）、《创新技术安排和服务法》（Innovative Technological Arrangement and Services Act，简称 ITAS）以及《虚拟金融资产法》（Virtual Financial Asset Act，简称 VFAA）。这意味着数字资产相关业务会在 VFAA 或现有的金融服务法律法规下进行规制。[①]

马耳他的数字创新监管框架将 DLT 资产分为四种相互排他的类型：电子货币、金融工具、虚拟通证（一般称为"实用型通证"）或虚拟金融资产（Virtual Financial Asset，简称 VFA）。

VFAA 授权马耳他的金融服务监管机构——马耳他金融服务管理局（Malta Financial Services Authority，简称 MFSA）引入一个金融工具测试（Financial Instrument Test）来帮助判断 DLT 资产是否属于受 VFAA 规制的资产。该测试于 2018 年 7 月连同监管指南一同发布。根据该测试，需要判断相关 DLT 资产是否构成虚拟通证，如果是则不属于 VFAA 规制范畴，[②]如果不是，则需要进一步判断该 DLT 资产是否属于现有金融服务法律的规制范畴。根据 DLT 资产的特征分析，属于现有的金融工具或电子货币的，则根据现有的监管框架申请相应的 MiFID 牌照或 EMI 牌照，否则就构成 VFA，受

[①] 资料来源：Malcolm Falzon & Alexia Valenzia Camilleri Preziosi Advocates: Blockchain and Cryptocurrency Regulation 2019, Malta。

[②] 资料来源：https://thelawreviews. co. uk/title/the-virtual-currency-regulation-review/malta。

VFAA 规制。① 按照规定,VFA 交易所在马耳他展业之前必须向 MFSA 申请牌照,同时如果在马耳他或从马耳他向公众发行 ICO,必须向 MFSA 注册该 ICO 项目的白皮书,遵守 VFAA 的相关规定,这里需强调的是,要求注册的不是 ICO 发行人而是项目白皮书。②

在马耳他,VFAA 下相关牌照的申请必须由当地持牌的 VFA 代理机构向监管提交,申请人不得自己直接向监管机构提交申请。当地政府试图将其打造成世界的"区块链岛",在其努力下,马耳他监管机构 MFSA 在 2019 年收到了超过 340 份牌照申请。③ 但截至 2020 年底,MFSA 只有一家 VFA 服务提供商(简称 VFASP)注册,19 家 VFA 代理机构注册(其中 18 家于 2019 年注册,2020 年全年只有 1 家注册),没有发放任何一张数字资产交易所牌照。④ 相较而言,马耳他对数字资产也采取了相对慎重的态度。

三、非欧盟地区主要国家监管政策解读

1. 英国

英国于 2019 年制定了《2019/1511 洗钱和恐怖主义融资(修订)条例》[Money Laundering and Terrorist Financing (Amendment) Regulations 2019/1511,简称 MLRs],该条例于 2020 年 1 月正式生效。按照 MLRs 规定,自 2020 年 1 月 10 日起,所有在英国已经或计

---

① 资料来源:https://thelawreviews.co.uk/title/the-virtual-currency-regulation-review/malta。

② 资料来源:https://www.mfsa.mt/fintech/vfa-faqs/。

③ 资料来源:https://decrypt.co/26818/70-of-blockchain-island-firms-have-given-up。

④ 资料来源:https://www.mfsa.mt/wp-content/uploads/2021/01/Statistical-Tables-4th-Quarter-2020.pdf。

划从事加密资产业务的企业都应向 FCA 申请注册 AML，包括那些因其他业务已经注册或拿到 FCA 授权的企业。而 2020 年 1 月 10日之前已经开始且仍在继续运营的加密资产业务应在 2020 年 6 月30 日之前向 FCA 提交 AML 注册申请，逾期未提交的，不得再继续运营前述加密资产业务；在 2020 年 1 月 10 日之后，如果计划从事加密资产新业务的，必须先拿到 FCA 的 AML 注册审批，才能开展业务。

2019 年 7 月，FCA 发布有关禁止向散户销售加密衍生产品（包括 CFD、合约和期货）以及涉及加密资产的交易所交易票据的咨询报告。2020 年 7 月，FCA 发布了两个有关加密资产的公告：一是金融推广审批的监管框架的公开咨询，另一个是加密资产推广的公开咨询。FCA 希望将几乎所有加密资产以及相关服务的营销都纳入金融推广制度规制范围，从而要求从事此类营销活动的实体必须是FCA 直接授权的实体，或者是获得 FCA 授权实体的授权。2020 年10 月，FCA 正式发布了有关禁止向散户销售与加密资产相关的理财产品的政策声明，所有规则于 2021 年 1 月 6 日生效。这意味着，从 2021 年 1 月 6 日起，不得对散户进行前述产品的销售、推广和分发。例外情形是中央银行数字资产（CBDC）、加密商品类衍生产品（比如锚定黄金的加密产品）、定期付息的 ETN，都不在此次禁令中。

除了上述的 AML 注册要求外，Tether 以及其他类型的稳定币（取决于具体情况）一般情形下会构成电子货币，从而需要申请 EMI牌照。对于提供数字资产类衍生产品和证券金融工具产品或服务，则需要根据 MiFID II 向 FCA 申请相关牌照。值得强调的是，MiFIDII 中并没有专门提及任何数字资产相关内容，但根据 2018 年 4 月FCA 的新闻发布稿，认为某些加密货币衍生品能构成现有的 MiFID II

监管框架中的"金融工具",需要申请相关牌照。① 总体来说,FCA 对加密货币相关活动的监管活动越来越多,将加密货币相关业务纳入其监管范畴是必然的趋势。

2. 直布罗陀

直布罗陀金融服务委员会（Gibraltar Financial Services Commission,简称 GFSC）是直布罗陀的金融服务监管机构。早在 2014 年,GFSC 和当地政策制定者就认识到数字资产行业的重要性以及对其进行监管的必要性,私营部门就设立了加密货币工作组（Crypto currency Working Group）推动分布式账单技术框架（DLT Framework）的发展。直布罗陀的 DLT Framework 于 2018 年 1 月 1 日正式生效,要求所有使用分布式账单技术来存储或转移价值的实体都向 GFSC 申请 DLT 牌照。

直布罗陀为了在鼓励创新和监管要求之间取得更好的平衡,是全球第一个专门针对 DLT 运营商采用九大原则并由监管机构对这些原则出台详细的指导文件进行规制的地区。它即将出台第十大原则——市场正直性。获得 DLT 牌照基本可以涵盖绝大部分非证券和非稳定币类的数字资产-数字资产（"币币"）业务和法币-数字资产（"法币"）出入金业务,包括币币现货业务、场外交易（OTC）经纪商业务（包括币币和法币）,甚至合约期货业务（当然依然要取决于具体的业务模式的设计）。如果某数字资产构成电子货币,需要依据直布罗陀《2020 年金融服务（电子货币）条例》申请 EMI,稳定币就非常有可能触发 EMI 牌照要求。该条例是将欧盟的《电子货币指令》的规定

---

① 资料来源：FCA statement on the requirement for firms offering cryptocurrency derivatives to be authorized, https://www.fca.org.uk/news/statements/cryptocurrency-derivatives。

引入直布罗陀的法律中。如果某数字资产被认定为证券或金融工具，则须依据直布罗陀《2019 年金融服务法》以及《2020 年金融服务（投资服务）条例》向 GFSC 申请相关牌照，这两部法已经涵盖欧盟的 MiFID II 的要求。

对于希望部署欧洲金融市场的机构，直布罗陀可能会是其战略部署的一个非常重要的地方。在直布罗陀部署数字资产合规业务具有很多优势。直布罗陀地域虽然小，但是政府的包容性却非常大。直布罗陀政府在对待数字资产的态度上非常明确，大力支持数字资产在本地的发展。直布罗陀可成为打开英国乃至欧洲金融市场的重要翘板。直布罗陀受监管的银行或 EMI 运营商等金融机构遵守与英国法律或监管同等的标准。就算脱欧之后，英国依然允许直布罗陀受监管的金融机构通过"通行"机制访问英国市场。[①] 2020 年英国财政部也发布了有关英国和直布罗陀之间金融服务市场准入方面的咨询，英国女王在新年致辞中宣布，英国政府正在建议制定一部金融服务法案，其中涉及直布罗陀的授权机制。

对于直布罗陀脱欧的影响，如上文所述，单纯就数字资产方面而言，脱欧所产生的影响并不大，因为整个欧盟的"通行"权利并不适用于任何加密货币业务。在欧盟，目前并没有针对数字资产交易所、钱包等数字资产相关业务有统一的标准。有些人认为脱欧会带来更多负面影响，但是从数字资产的监管层面来看，更多人将脱欧看作是一个正向的东西，因为英国和直布罗陀可以按照自己的标准和节奏来进行规制。实践中，从任何国家和地区都没有简单地对欧盟开放的情况看，唯有将直布罗陀作为进入英国市场的关键准入口。直布罗

---

① 参见 The Gibraltar (Miscellaneous Amendments) (EU Exit) Regulations 2019 和 The UK Financial Services and Markets Act 2000 (Gibraltar) Order 2001。

陀、英国选择脱欧，或许意味着放弃了欧盟共同体数字资产许可的通行权利，同样也意味着进入两国的欧盟国家丧失了在英国、直布罗陀的通行权。

四、美国的政策解读

在美国，加密货币同时受联邦和州两层监管机构监管。联邦层面的监管机构有证券交易委员会（SEC）、商品和期货交易委员会（CFTC）、联邦贸易委员会（FTC）、财政部以及美国国税局（IRS）和金融犯罪执法网络（FinCEN）[1]。有部分州已经专门出台了数字资产相关的监管框架，比如纽约州的 Bitlicense，还有部分州按照已有的监管框架，如货币服务业务（Money Service Business，简称 MSB），或汇款牌照（Money Transmission License，简称 MTL）来规制。

在美国，尽管不同的州之间以及联邦政府与州之间对汇款的定义都会有差异，但只要涉及汇款，联邦和州层面都会规制（需要注意的是，蒙大拿州是唯一一个没有 MTL 要求的州）。一般而言，汇款涉及从汇款方接收（指实际的具有建设性地接收）货币或货币等价物。从事汇款业务的公司，在没有豁免或属于规定的例外情形时，必须从特定的州申请牌照。同样的，此类公司必须要在美国财政部金融犯罪执法网络（FinCEN）注册成为货币服务业务（MSB）提供商，并且应该有可以控制洗钱和反恐金融活动的 AML 项目，包括配备相关的反洗钱人员，建立并维护符合监管要求的反洗钱政策和流程，以及使用必要的筛查系统。因而很多州会将交易所用户交易的通证类

---

[1] 资料来源：GLI-Blockchain and cryptocurrency regulation 2019, First Edition, Page 479, 章节- USA, Josias Dewey, 律所 Holland & Knight LLP。

型视为货币等价物，从而要求申请它们的 MTL 牌照。例如，比特币和以太坊，通常被视为商品，在很多州的有关支付规定中也被视为"货币等价物"。如果需要基于比特币或以太坊等商品发行合约和期货，则需要向 CFTC 申请牌照。

纽约州是美国所有的州中最独树一帜的，它针对通证服务的提供商（包括交易所和托管机构）创建了自己严格的许可制度。服务商至少可以通过两种方式向纽约用户（机构或散户）提供通证服务：①获得 BitLicense 牌照；或②成为纽约州特许有限责任信托公司（New York State-charted Limited Purpose Trust Company，简称 NYLPT）。前者不是一种单独的公司形式，而是一种公司可以申请的牌照。NYLPT 则是由 NYDFS 特许设立的独立的法人实体，获得 NYLPT 也是一个复杂的过程，并且成本也高。要拿到 NYLPT，先要经过非常复杂的申请审批流程拿到 NYDFS 的独立法律地位授权，才能拿其他额外的牌照。

需要强调的是，在美国，基于区块链的资产（除了比特币和以太坊外）不管表面上叫什么名字，都有可能被联邦法或州层面的法律认定为证券。一旦被认定为证券，意味着服务提供商（如交易所、经纪商等）需要向 SEC 注册成为证券交易所或证券经纪商。

第 13 章

DeFi 当前海外的法规和监管动态

传统金融机构的本质是中介机构,这些中介机构可以把不同参与者聚集起来,如银行和证券交易所。[①] 正因为此,也产生了金融中心以及金融中心辐射的概念。传统金融在工业时代发挥了巨大的作用,随着信息时代的到来,特别是科技在金融领域的应用不断深入,去中心化金融与传统金融出现角逐。DeFi 经济上的包容性、开放化在弥补传统金融不足的同时,逐步与之分庭抗礼。DeFi 消除了对中介和守门人的依赖以及信任障碍,用技术取代了对人类和机构的信用机制;它破除了地域局限,在互联网和公共区块链之上任何拥有电脑和互联网连接的人都可以访问和参与。2020 年是 DeFi 开局之年,正因为上述特性,使得 DeFi 备受青睐。大家怀揣着一个简单但又伟大的愿景:用技术消除传统金融中心系统固有的风险。

---

① 资料来源:Zetzsche, Dirk Andreas and Arner, Douglas W. and Buckley, Ross P., Decentralized Finance (DeFi) (March 2020). IIEL Issue Brief 02/2020, European Banking Institute Working Paper Series 59/2020, University of Hong Kong Faculty of Law Research Paper No. 2020/010, University of Luxembourg Faculty of Law, Economics & Finance WPS, Journal of Financial Regulation-forthcoming, Available at SSRN: https://ssrn. com/abstract = 3539194 or http://dx. doi. org/10. 2139/ssrn. 3539194。

一、游离于创新与监管之间：DeFi 规制的可识别性

1. 合规层面 DeFi 的含义

DeFi 本身并不是严格意义上的法律术语，不同的人对去中心化有不同的理解。节点说认为，去中心化在于分布式储存与算力，系统中的数据由全网节点共同维护，整个网络节点的权利与义务相同，不依靠中央处理节点实现数据的分布式存储、记录与更新。资源增量说认为，如果某个区块链系统为维持正常运行而必须追加的资源数量，均低于技术发展所产生的资源增量，则在该时间段内这个系统具备"去中心化"属性。上述两种观点从技术层面解读了 DeFi 去中心化的含义，但是均未涉及法律层面的认知。

在法律和监管层面，笔者认为最重要的问题在于可识别性，即是否存在一个可识别的参与者（或团队）与相关平台之间的关联关系被监管机构认定为监管责任承担者。判定是否真正为去中心化的协议、程序或平台，一般至少需要同时满足两个条件：①该协议、程序或平台可以自行运作，没有以直接或间接的方式依赖于其他可识别的参与者或团队，或由前述参与者或团队运作或控制；且②不存在任何一个或有限数量的可识别的参与者以不成比例的方式从中获利。① 具体而言，监管机构一般考虑的因素包括但不限于是否有人持有大量的平台治理通证，相关人员是否有向公众推广和宣传该平台，是否控制了组成协议的智能合约，是否可以自行对协议或相关智能

---

① 资料来源：https://www.globallegalinsights.com/practice-areas/blockchain-laws-and-regulations/11-decentralized-finance-have-digital-assets-and-open-blockchain-networks-found-their-killer-app。

合约做修改，是否是唯一能有效提议修改协议的一方，是否从参与平台运营中获利，等等。

2. DeFi 创新或规制

传统金融受限于信用背书效率低，DeFi 的发展给金融领域带来新的曙光。很多人认为 DeFi 作为新生事物，为了鼓励创新应当给予 DeFi 技术足够自由的发展空间。DeFi 的去中心化可以实现技术上的自我约束，是不需要被规制和监管的。否则，会阻碍甚至遏制 DeFi 技术的发展。但应当看到，要不要规制和监管以及监管的程度是两个层面的问题。对于前者，答案是肯定的，因为 DeFi 并没有消除对规则的需求。实际上，为了实现其去中心化的核心目标，DeFi 需要被监管。[①] 尽管 DeFi 技术是一项新的技术，但是在 DeFi 上从事的领域、进行的活动（银行服务、借贷、投资等）都不是新产生的，而是存在于已经搭建完成的监管框架里。

正如美国金融犯罪执法网络（FinCEN）的主任肯尼斯·布兰科（Kenneth Blanco）所言，无论你如何设标签，FinCEN 对所有同等水平或风险的相同功能适用同样的技术中立的监管框架。它不是看你怎么给自己设标签，而是根据你实际从事的活动来判定。[②] 实践中，相关的证券监管机构会剥离标签的面纱，根据活动的实质将其认定为证券发行。因此，监管部门仍然会根据项目的实质内容，判定是否满足注册和遵守证券汇报的相关要求，对于违规者，也将会处以罚款或追究刑事责任。

---

① 资料来源：https://www.globallegalinsights.com/practice-areas/blockchain-laws-and-regulations/11-decentralized-finance-have-digital-assets-and-open-blockchain-networks-found-their-killer-app.

② 资料来源：https://cryptolawinsider.com/defi-regulations/。

3. DeFi 监管的典型案例

2018 年，美国出现了首例加密交易所 SEC 注册案——EtherDelta 案，该案开启了 DeFi 合规监管之路。EtherDelta 是一家去中心化交易所，允许用户与其他用户直接交易以太坊和基于以太坊区发行的通证。美国证券交易委员会（SEC）认为扎卡里·科本（Zachary Coburn）创建了 EtherDelta，编程了 EtherDelta 的智能合约，并对该智能合约具有排他性控制权，在 Twitter 和 Reddit 上被当作 EtherDelta 的代言人，因而认定他为这家去中心化交易所的责任人，承担监管方面的责任。EtherDelta 允许交易的通证通常是 ICO 发行的基于区块链的通证，并且其通过使用订单簿、展示订单的网站以及在以太坊区块链上运行的智能合约将交易加密货币的买家和卖家聚集到一起，构成提供市场，因而 EtherDelta 有义务向 SEC 提交注册或申请豁免。①

2020 年，美国 SEC 和 CFTC 联合对 Plutus Financial Inc. 及其在菲律宾的关联公司 Plutus Technologies Philippines Corporation（统称为 Plutus）采取了执法活动。Plutus 是美国 DeFi 应用程序 Abra 的开发者。根据和解文件，SEC 和 CFTC 认定 Plutus 未经监管授权向美国人提供基于美国股票和 ETF 的合约产品，并对其进行了 15 万美元的处罚。②

---

① 资料来源：https://www.sec.gov/news/press-release/2018-258。

② 资料来源：In re: Plutus Financial Inc., d/b/a Abra and Plutus Technologies Philippines Corp., SEC Rel. No. 34 - 89296 (July 13, 2020) available at https://www.sec.gov/litigation/admin/2020/33-10801.pdf; In the Matter of: Plutus Financial, Inc. (d/b/a Abra) and Plutus Technologies Philippines Corp. (d/b/a Abra International), CFTC Docket No. 20 - 23 (July 13, 2020) available at https://www.cftc.gov/PressRoom/PressReleases/8201-20。

FinCEN 在 2019 年 5 月 9 日发布的指南中也明确指出,如果一个去中心化的应用程序提供的业务活动构成汇款,那么它也必须受到相应的监管。[①] 这不仅仅只是在美国如此,在新加坡、英国以及欧盟等国,如果根据当地的法律,去中心化交易所提供证券交易或衍生产品交易等服务,依然会按照当地相关规定要求申请对应的牌照。

由此可知,各国监管部门会根据可识别的责任人、具体交易项目等要素对 DeFi 采取监管措施。需要正确理解的是,为了鼓励真正的 DeFi 技术创新和发展,规制和监管对于扫除"伪 DeFi"是必要的。去伪存真,做好鼓励创新和监管以及规制之间的平衡,为真正的 DeFi 技术创建良性的法律监管环境。

二、DeFi 之合规监管问题解读

DeFi 的扁平化、开源化及监管制度的滞后性,决定了对之合规监管并非易事。基于此,在欧盟和美国的一些立法提议中,要求禁止 DeFi 的运营。完全关闭去中心化系统或禁止 DeFi 运营很难实现,但是也充分反映出面对新生技术,各国监管面临的两难困境。DeFi 平台和应用程序监管存在着管辖权和法律适用、反洗钱审查以及执法难等系列问题。

1. 管辖权和法律适用问题

由于 DeFi 的去中心化特征、区块链技术的无边界性,全球只要有电脑和网络的用户即可访问和使用 DeFi 的平台或应用程序,无须

---

① 资料来源:https://www.fincen.gov/sites/default/files/2019-05/FinCEN％20CVC％20Guidance％20FINAL.pdf。

通过银行等中介机构就可以从事借贷、交易、转账等相关金融服务，市场和单个的提供商失去了作为监管节点的重要性①。因此要在全球范围内找到 DeFi 平台识别主体、行使管辖权并对该管辖区的任何人起诉是十分困难的，也就产生了有关 DeFi 平台和应用程序所涉及的法律管辖具有全球性的问题。

理解 DeFi 管辖权问题，首先需要知晓 DeFi 平台运营模式。经过研究发现，现在很多去中心化平台的操作模式是：平台为 A，但平台的产品和服务的开发与维护等都由 B 公司进行，资产管理由 B 公司或 C 公司进行。通常情形下，A 并不具有法律实体状态，在任何地方都没有申请牌照，也没有总部，因而声称不接受金融规制和监管，在全球范围内接受用户访问。在这种模式下，监管机构可以通过 B 和 C 对 A 拥有间接的管辖权。问题在于是哪个国家的监管机构可以对 A 行使管辖权。如果 A 属于真正意义上的 DeFi 平台，而不是 B 或 C 规避监管和个人责任的盾牌，那么确定哪个监管机构具有管辖权和谁担责就会变得异常困难，若 A 没有任何员工、管理人员、组织架构等，监管的实现将几无可能。

另外需要注意的是，在技术上限制 DeFi 平台或应用程序的管辖权是可以实现的。例如，拦截来自某些国家 IP 地址的访问。此类措施的有效性（尤其是与监管或证券问题有关）可能取决于所在地的立法情况。也正由于上面所说的管辖权不确定的问题，导致了对 DeFi 平台和应用软件所从事的活动在法律适用上的不确定性。

---

① Zetzsche, Dirk Andreas and Arner, Douglas W. and Buckley, Ross P., Decentralized Finance (DeFi) (March 2020). IIEL Issue Brief 02/2020, European Banking Institute Working Paper Series 59/2020, University of Hong Kong Faculty of Law Research Paper No. 2020/010, University of Luxembourg Faculty of Law, Economics & Finance WPS, Journal of Financial Regulation-forthcoming, Available at SSRN: https://ssrn.com/abstract=3539194 or http://dx.doi.org/10.2139/ssrn.3539194。

2. 反洗钱问题

现在很多 DeFi 的平台和应用程序声称是去中心化平台或应用程序（DApp），不受任何规制和监管，也没有对用户采取任何 KYC 或 AML 措施。事实上，自 2012 年 FATF 就要求采纳以风险为本的方法对 AML/CFT 标准进行有效实施，并要求对新技术相关的风险进行积极监控，配备适当资源以降低新技术所带来的相关 ML/FT 风险。FATF 认为，所谓的"新"或创新技术并不必然对从事或促进金融活动是"更好"的方法，各个国家或地区应该创新方法，重新评估传统或已受监管的金融活动相关风险，采取适当释缓措施降低风险，比如在支付服务或证券活动中使用虚拟货币。

2021 年 3 月之前，FATF 出台的相关反洗钱标准仅涵盖虚拟资产以及中心化的虚拟货币交易所或钱包服务提供商等虚拟资产服务提供商（简称 VASP）。上述活动应遵守相关 KYC 要求，进行客户身份识别与验证，对于去中心化系统上的金融活动暂时未明确要求。

2021 年 3 月，FATF 发布了新的指南，该指南相比于之前，主要聚焦于 6 个关键领域的修改：①对 VA 和 VASP 的定义进行澄清，明确这些定义是广泛的，不应该存在没有被 FATF 标准涵盖的相关金融资产的情况（VA 或是传统的金融资产）；②提供有关如何将 FATF 标准应用于所谓的稳定币的指南；③对 P2P 交易的风险以及潜在风险释缓措施提供额外的指南；④对 VASPs 的许可和注册提供最新的指南；⑤对如何实施"转账规则"提供额外的指南；⑥增加 VASP 监管机构之间的信息分享和合作原则。

就 DeFi 可能涉及的内容而言，新指南主要涉及以下几点内容：第一，参与 DApp 的实体可能构成 FATF 标准中定义的 VASP，进而纳入监管范畴。通过去中心化交易所或平台进行交易或转账，尽管这些应用程序或平台通常在分布式账单上运行，一般依然会一定程度涉及中间方的参与，例如，创建和发起某种资产、设置参数、持有管理"钥匙"或收集费用。比较常见的是，为了开发、运营或维护相关软件且为了 DApp 所有者、运营者或社区的最终利益，DApp 用户一般需要给 DApp 以虚拟资产的方式支付一定的费用。FATF 建议，因 VASP 标准不适用于所涉的软件或技术，因此 DApp 本身（即软件程序）非监管事项。但是参与 DApp 的实体则可能会构成 FATF 标准中定义的 VASP。例如，DApp 的所有者或运营者就很可能构成 VASP，因为他们将虚拟资产的兑换或转账作为一种业务运行，就算该服务或流程的一部分是自动化的。第二，代表其他自然人或法人为 DApp 进行业务拓展的主体也可能属于 VASP 监管对象。该类主体主要是指平台的开发者、运营或维护团队或受益人。第三，去中心化交易所以及其他去中心化金融协议，无论其是否受任何中间方控制，依然会被当作 VASP 对待。① 实践中已有实例存在，即使只是提供平台而不参与具体的活动，监管也可能会因为平台上的相关活动触犯法律而要求平台提供者或开发者承担法律责任。这意味着一旦新的 FATF 指南正式实施，且在约定的时间内由各个成员国纳入其国内的法律中予以具体施行时，那些构成 VASP 的 DeFi 平台或 DApp 必须满足相关 KYC/AML 义务，否则会要求承担相应的法律责任。

3. 执法难问题

在 DeFi 背景下，监管机构面临着执法难的问题。源于以下几个

---

① 资料来源：https://www.fatf-gafi.org/media/fatf/documents/recommendations/March％202021％20-％20VA％20Guidance％20update％20-％20Sixth％20draft％20-％20Public％20consultation.pdf。

方面的因素。第一，参与者的全球性以及分散性。他们的住址来自不同的国家和地区，呈现星点状分布。第二，DeFi 平台自身机制不健全。很多平台并没有对用户做必要的 KYC/AML，导致无法识别用户的相关个人信息。第三，因果关系举证困难。在 DeFi 的背景下，一个终端产品可能由许多不同的提供商共同完成，在网络参与者不存在合谋的情况下，因果关系的建立很可能会成为赔偿责任和制裁建立不可逾越的障碍。举证责任由索赔人或制裁实体承担，在无法证明违规因果关系的前提下，将无法采取监管措施。第四，执法边界属性。传统跨国案件的执行难问题在 DeFi 的背景下依然存在，比如国际司法协助问题，等等。

正由于执法难的问题，在合规代价高昂的情况下，合规的激励机制就会失灵，每个合规的人都会产生强烈的逆反心理，想要背离最初设定的遵守法律、法规和合同规定的总的利益。

三、DeFi 的合规监管完善建议

1. DeFi 运营者：建章建制

从长远来看，DeFi 纳入监管是必然趋势。根据当前监管事项，建立合规机制可以起到固根本、稳预期、利长远的作用，及时采取反洗钱措施，设置反洗钱标准。区块链分析公司 Coinfirm 最近发布了一项针对 DeFi 新的反洗钱工具，可以像中心化交易所使用的合规报告一样，基于纯链上的方式对去中心化的钱包地址或交易提供合规报告。[①] 尽管当下 DeFi 的监管立场和法律规制等存在不清晰、不到

---

① 资料来源：https://www.coinfirm.com/blog/defi-compliance-amlt-oracle/。

位甚至缺位的状况，对 DeFi 项目实施某种形式的交易监控和 KYC 协议以及其他合规措施，可以使其在监管真正到来时处于有利地位。

2. 监管机构制定标准

长期来看，对 DeFi 监管是必由之路。如果 DeFi 平台属于真正意义上的去中心化平台，平台上的活动所涉及的数字资产并非都由个人或中心化机构所有或控制，相较于中心化平台，建议监管机构在监管与鼓励创新中寻求平衡，给真正的 DeFi 以更多的发展空间。

第一，制定发布智能合约标准。监管机构可以帮助发布基于 DeFi 协议运行的智能合约标准，包括要求对公开代码进行审计使之符合公认且独立性的标准，对发布的 DeFi 协议进行信用评级等，帮助潜在用户理解和核查相关的利弊。

第二，通过识别揭开实体面纱。监管机构可以尝试对从平台中获利或对平台掌握控制权的个人或实体采取执法行动。如果 A 只是使用 B 或 C 的架构模式来规避其监管和个人责任，再或者有专门的团队、管理人员或员工在管理 A 平台事务，可以找 B 或 C 或其他获利人员承担相应责任。对于那些希望以 DeFi 名义规避监管或个人责任的人员或机构，监管机构看的不是称呼而是活动的实质，一旦将之前从事的相关 DeFi 活动认定为未经监管授权或许可从事的活动，这些人员或机构依然会被追究责任。

第三，建立合作共同体。监管机构需要获取相关的技术专业知识，并愿意与包括软件开发人员在内的更广泛的利益相关者合作，以有效地监管 DeFi。[①] 能访问 IP 地址，与本地互联网服务提供商合

---

① 资料来源：https://theconversation.com/decentralised-finance-calls-into-question-whether-the-crypto-industry-can-ever-be-regulated-151222。

作,识别和跟踪使用该系统的人员的实际活动,并且使用警力来有效关闭此类平台或活动。同时,DeFi 开放性决定了监管的国际化,单一国家执法的边界已经无法逾越 DeFi 的国际鸿沟,围绕 DeFi 建立国际法律共同体应当成为下一个发展阶段的重心。

3. 投资者全程参与

DeFi 还处在早期发展阶段,监管和法律规制不清晰、没到位甚至缺位,对投资人而言存在很大的风险,我们建议在投资一个 DeFi 项目之前,投资人需要至少对这个项目进行基本的了解和分析,可以做好以下尽调事项:网络是否属于真正意义的去中心化,还是背后有可识别的人员、机构和团队主导或控制该项目的发布、推广和宣传;是否涉及治理通证以及该通证的属性是什么;是否对开放的国家有限制;是否在任何地区受到监管或持牌,如果是,受哪些机构监管;是否对智能合约进行审计,如果是,由谁对其进行审计,审计的频率如何;是否有基本的 KYC/AML 要求,从而可以识别用户的相关身份和信息;等等。

第 14 章

DeFi 底层技术详解[①]

---

① 本章作者：李成，技术专家，区块链底层技术和 DeFi 技术爱好者。

DeFi 无疑是计算机技术给金融行业带来的又一次革命,本章我们将关注使 DeFi 具备变革意义的一些技术基础。

一、区块链与比特币

2008 年比特币的出现,重新定义了货币,但同时也提出了一种新型的全球分布式数据库技术概念——区块链。其核心技术特色包括点对点通信、共识算法和非对称加密技术。

1. 点对点通信

点对点通信是一种网络上的计算机直接与另外的计算机连接并传输数据的通信方式。传统意义上的互联网服务,往往是由大型的服务提供商来提供数据和内容,而普通用户通过个人计算机与域名解析连接到它们的服务器端来获得数据和内容,例如,两个人在微信上聊天时,虽然是一对一的聊天,其通信内容也是经由腾讯公司的服务器进行中转。这种大型的服务商比如谷歌、脸书(Facebook),虽然为大多数互联网用户提供了方便易用的服务,但是也在互联网上形成了中心化的节点,成为用户流量的终点;同时巨头也掌控了海量的用户隐私信息,安全风险与日俱增。相较之下,在使用点对点通信的计算机网络中,每台计算机通过互联网协议(IP)地址与另一台计算机直接通信，通过一定的数据加密手段，可以最大限度地保障安全，同时，通过将数据分布在无数个网络节点上，也防止了单一中心化节点出现问题之后网络瘫痪情况的出现，例如，2020 年 7 月，由 Facebook 发布的一个程序开发软件包升级后出现故障，导致互联网上大多数使用该软件包的手机应用出现闪退和无法使用的情况，造成的影响超出所有人想象。因此，点对点通信是去中心化网络的基础。

2. 非对称加密技术

我们谈到区块链的优势的时候（防止网络权威、避免单点失效），也必须认识到中心化的网络在提供可信度方面的优势，例如，人们在电商网站上交易的时候，如果没有类似支付宝这样的可信第三方的存在，是难以保证自己的资金安全的。那么在一个分布式的网络中我们如何保证信息的安全以及防止抵赖呢？ 这时就需要用到非对称加密技术了。

什么是非对称加密技术呢？ 当人们在谈论区块链中的公钥和私钥的时候，实际上他们就已经在谈论非对称加密技术了。表面上看，公钥和私钥代表的分别是两段貌似随机的字符串，而且总是成对出现的。事实上公钥大多数时候是通过私钥生成的，一对公私钥对有以下主要作用：信息发送方使用私钥对信息进行加密，信息接收方通过对应的公钥进行解密，从而证明该信息确实是由该私钥拥有者发出的，起到了验证信息发送方的作用，一般我们把这种加密称为数字签名。信息发送方通过公钥对信息进行加密，信息接收方只有通过对应私钥才能进行解密，从而保证在公共互联网上传输的加密消息只有指定的接收方可以解密阅读。

这两方面的作用为分布式的网络提供了必要的安全保护，使得在开放的网络中传递加密信息成为可能，同时也提供了一种不需要可信第三方鉴别的认证技术(数字签名)。非对称加密技术之所有能够有这样神奇的作用,是因为该技术的数学基础是单向陷门函数(Trap door function),这种技术利用了某些数学公式从一个方向计算非常容易,但是从另一个反向推算非常困难的特性,"非对称"也由此得名。在非对称加密技术的实现方式选取中,公式的双向计算难度差异越大,其安全性和实用性就越好。一个典型的例子就是著名的 RSA 加密,RSA 加密算法的数学基础是大素数乘积分解问题。已知两个大素数,我们很容易计算出它们的乘积,但是如果只给出这个乘积,计算机却很难计算出这两个素数,除非我们已知其中的一个素数。因此,选定这两个素数的人就可以通过一系列的数学公式计算出一个公私钥对,把公钥发布在网络上,再把私钥保密。

这也是为什么在数字资产领域,有"做自己的银行"(Be Your Own Bank)的说法,因为在区块链上,唯一能操作一个地址(一般由公钥计算出来)上的余额的方式,是通过私钥来签名交易。而私钥只能被保管在资产拥有者手里,所以私钥保管的重要性不言而喻。

目前在区块链中广泛使用的是基于椭圆曲线加密(ECC)的非对称加密算法,该算法的特点是可以用更短的密钥长度获得与 RSA 相对应的安全性。

当然,非对称加密技术也有被暴力破解的可能性,因此全世界的科研人员都在不断寻找更优的单向陷门函数来构建非对称加密手段。值得一提的是,量子计算带来的计算能力的飞跃使一些传统非对称加密技术受到了极大威胁,虽然量子计算与实用还有一段距离,但是抗量子加密算法已经是一个被研究的领域。

3. 共识算法

有了非对称加密手段之后,每个人的资产安全都有保障了吗?

实际上还没有，因为区块链的资产，最终是记录在区块链账本上的，以比特币为例，比特币的账本记录的是每一笔交易的未开支余额（UTXO），而每个人的比特币余额是由其账户上所有的未开支余额加总得到的，这本账本被同步到比特币网络的每个节点上，只有网络上每个节点都认可账本内容的时候，才能说账本上属于你的余额真实有效，这之前你的转账付款才能被网络认可。因此，很长一段时间内，区块链技术也被称为分布式账本技术。

比特币的网络是一个开放式的网络（permissionless），每个运行着比特币网络代码的节点都可以加入记账，同时也有可能篡改账本以达到自己的目的（例如，在账转出去之后篡改网络账本，抹去这笔支出，使得该余额可以继续使用，这样的网络攻击又被称为"双花攻击"）。为了对抗这样的攻击，区块链网络必须要有共识算法，即不管网络中的节点是否恶意，总有一种办法可以在网络中达成共识。达成共识之后的结果才能被确认（比如在前面的双花攻击中，在攻击者的第一笔支出被共识算法确认之后，攻击者应该没有办法再篡改账本抹去这笔交易）。

比特币网络的解决方案是一种被称为工作量证明（Proof of Work）的算法，简单来说就是网络中的每一个节点为了能够获得出块（在账本上添加新的交易记录）的权利，必须尝试不同的随机数与当前账本中最新区块的哈希值进行特定的公式计算，使得到的结果的哈希值满足一定的要求（在比特币的网络中，该要求是结果的哈希值的最初的一定位数全部为零）。这样导致的结果是，最先找到这个随机数算出满足需求的哈希值的计算机节点能够将其想要的交易记录写到区块链账本中，同时，其他的节点可以通过简单的计算验证这个结果，从而达到共识。

可以看到，这样的随机数搜索和计算过程是相当消耗计算机资源的,这种资源在区块链网络中被称为算力。算力是比特币网络中非常重要的一个概念,算力越大,就越有机会得到修改账本的权利,同时也可以获得越多的记账收益。

如果只是这样的话,账本还是有可能被大算力的节点篡改,因此比特币网络还引入了区块链长度概念来加强安全性,即能获得网络共识认可的账本记录必须是区块链长度最长的那个版本。我们知道区块链之所以被称为区块链,是因为其数据是记录在一个又一个链接起来的数据区块中,而每一个区块的产生都消耗了相当的算力,因此在计算一个新的区块的时候,只有基于最长的共识区块链的最新区块,才能保证计算出来的区块最终得到网络的认可。这样带来的好处是所有节点都会倾向于认可当前网络中最长链的账本版本并基于该版本进行新区块计算。对于恶意攻击者来说,此时如果想要抹去一笔交易进行双花攻击,为了账本能对上,就必须从账本中减去该交易记录所在的区块,从更老的区块开始计算,并通过持续的优势算力不断提升自身分叉链的长度,直到有一天该分叉链的长度超过网络中包含该交易的最长链的长度,使得网络中的节点开始认可这条分叉链上的账本记录。而这种攻击消耗的算力是极其大的,根据计算,攻击者需要掌握比特币网络中超过 50% 的算力才有可能达到这种效果,因此也被称为 51% 算力攻击。

当前的比特币网络总算力水平对 51% 算力攻击的算力要求非常高。因此比特币网络通过这种网络博弈,达到了信息安全领域定义的安全,使得攻击成本大于攻击成功的收益。

二、DeFi 的起源,比特币的不足和以太坊的愿景

前面说到比特币及其所代表的技术奠定了数字资产和区块链网

络的基础，但是这样的基础设施并不足以衍生出强大的去中心化金融生态，因为比特币本质上只是一个分布式的账本网络，相较于传统的金融机构，它所能提供的服务还是有非常大的不足。

比特币网络有一些有限的扩展性，比如通过 opcode 脚本，可以实现一些简单的逻辑，比如条件交易、第三方仲裁等。第一款稳定币（USD Tether）最初也是基于 Mastercoin 的比特币脚本扩展实现的，但是面对现实生活中各种复杂的交易场景和金融产品逻辑，比特币还是缺乏原生的逻辑支持，而且其设计的区块大小（1M 字节）和出块速度限制（10 分钟）导致其网络可承载的业务量有限。因此，以太坊（Ethereum）在 2015 年横空出世。以太坊的最大特性是以太坊虚拟机（EVM）的引入。

1. 以太坊虚拟机和智能合约

以太坊的开发，源于其开发者维塔利克对于比特币网络有限可扩展性的不满，他认为如果每一种金融业务都需要开发一条专门的区块链的话，那成本也太高了。于是他把以太坊设计成了一种通用计算平台，而把原来需要单独开发区块链的应用场景，变成了其平台上的去中心化应用（DApp），而实现这一愿景的手段，就是以太坊虚拟机。以太坊虚拟机本质上是一个计算机程序的运行环境，以太坊开发者可以通过使用一种叫做 Solidity 的编程语言，将业务逻辑写成计算机代码，存入以太坊的区块中，并利用特定的交易来调用代码完成更加复杂的计算并把结果存入区块链。

这些存于区块中的 Solidity 代码，将一定的商业逻辑进行抽象处理，同时不会被篡改，因此也被称为智能合约（Smart Contract）。有了这样的能力，以太坊就已经不仅仅是一个分布式的账本，而是结合了账本技术和可信计算能力的业务网络，因此也被人称为世界的计算机（World's Computer）。在以太坊的白皮书中，在陈述这种通用的计算平台的用途的时候，就已经设想到了去中心化金融的场景，包括金融衍生品及稳定币，所以说以太坊就是 DeFi 的起源也不为过。

当然，支持这样一个灵活的计算环境，其挑战就在于解决停机问题，也就是说，如果允许用户在节点计算机上执行任意代码的话，如何保证这段代码最终可以得到一个结果而不会一直计算下去。为此以太坊引入了燃料的概念，用于映射代码执行可使用的计算资源，而燃料最终以以太坊平台代币 ETH 作为计价单位，使用以太坊平台的计算机资源，用户需要付出以太坊作为燃料，而每一笔交易都会有一个燃料总额的限制，在超过这个限制之后，计算就会回滚，不会有任何链上记录的改变，但是消耗的燃料却并不会退回给用户，迫使用户小心计算自己所需要占用的计算资源。

2. DeFi 基本组件的演进

以太坊诞生于 2015 年，但是去中心化金融直到 2020 年才真正走入大众的视野，这期间整个以太坊的生态系统也在不断地演进。从基本的代币合约，到分布式交易机制 Uniswap，再到链上预言机信息服务 Chainlink 的趋于成熟，加上生态中不断积累的智能合约基本组件库以及相应的安全审计服务，时至今日，才使得区块链上的金融产品开发变得容易，从而迎来了去中心化金融产品的井喷。

3. ERC‑20

以太坊的智能合约按照其功能性，会通过以太坊改进提案（EIP）标准化成为一组编程接口，我们称之为 ERC 标准，其中最著名的莫过于 ERC‑20 了。ERC‑20 制定了代币智能合约的一组标准接口，使得代币的交易以及基于该代币的应用交易开发变得简单。

近年来，还有不少的机构和公司，致力于开发安全可信赖的合约模块，从而减少代码的安全风险，这里面就包括不少经过验证的可信的 ERC－20 合约。开发者可以直接利用这些基础模块来构建自身基于 ERC－20 代币的应用，减少因为合约漏洞带来的资产损失风险。

4. 现有的不足和以太坊 2.0 要解决的问题

经过近些年的进展，DeFi 生态的拼图已渐渐完整，基于现有的基础设施，利用以太坊的编程能力，开发者可以实现各种现实生活中的金融产品及衍生品业务形态，包括借贷、质押、期货、期权，等等，甚至利用分布式的特性开发出新型的金融产品，例如，基于非同质化代币（NFT）的艺术品交易，基于 Oracle 服务的分布式预测市场服务。但是以太坊，包括类似的通用计算平台也面临不少挑战，如资源使用优化及扩容。

一方面，由于区块链的特性，以太坊全节点需要存储上线以来所有的交易记录，另一方面，因为其开放和通用的特点，用户在平台上写入了更多的数据，因此其交易数据大小在 2019 年已经突破了 1T，使得运行以太坊的节点硬件要求变得更高，相较之下比特币网络运行了 11 年之后，总的数据大小依然在 30G 左右。为此，维塔利克提出了租金的概念，即改变往区块链网络写入数据时一次性收取燃料费的模式，改用向使用以太坊存储空间的用户收取租金，从而促使用户更谨慎地上传数据。

其他的区块链，比如 Polkadot，则提出了扩展插槽的概念，将不同的业务放在不同的扩展链上，而扩展链通过插槽与主干网络连接，定期进行状态同步，从而实现不同链上业务的协同。插槽采用出租的形式，定期重新拍卖，使得整个网络可以定期减轻负担。另外，部分区块链项目通过提升每秒交易执行数（Transactions Per Second，TPS）来提升性能，降低网络拥堵，比如 Conflux。

5. 扩容

区块链的扩容是一个老话题，区块链技术有所谓的"不可能三角"概念，即区块链网络的分布式程度、可扩容性和安全性是三个此消彼长的特性，彼此矛盾，不可能同时达到。

在比特币的工作量证明被认为效率太低之后，许多的区块链产品提出了新的共识算法，比如权益证明（Proof of Stake，POS）、带托管的权益证明（Delegated Proof of Stake，DPOS）等，虽然此类网络在可扩容性方面有待提高，可以获得更高的交易并发量，但是实际上牺牲了一定的分布式程度，使得整个网络的控制权掌握在大资产拥有者手中。

此外，还有闪电网络的概念，即通过将一部分交易挪到一个单独的网络中运行，定期向主网同步账本状态来实现交易的提速和主网资源的节约。类似于各大银行各自维护自身的银行内交易账本，通过统一的系统进行银行间定期结算。这样的方案可以说一定程度上牺牲了安全性。

以太坊的扩容计划有时被统称为 Layer2，即共识层面之上的第二层（业务层）。其基本思路也都是在一定范围内牺牲网络数据的强一致性，同时提高网络可支持的交易的速度和并发度，只在固定的时间点对子网和主网的数据进行同步对账。这类方案的优势是可以对以太坊的并发能力几乎无限地提升，但是劣势则是交易的认定时间可能需要更长，因为必须要等到子网与主网进行同步之后才能保证不可篡改。为此，不少研究人员也在尝试利用零知识证明（ZKP）等技术对安全性进行改进，从而尽量弥补再扩容对安全性的损失。

这些努力，就是以太坊 2.0 的图景，通过全球分布式的协作，计算机技术社区在通过各种不同的方式来实现一个更高容量、更安全同时依然是全去中心化的通用计算平台，为下一阶段的去中心化金融发展提供坚实的基础。

BTC	Bitcoin	比特币
Call Spread		看涨期权价差
CBDC	Central Bank Digital Currency	中央银行数字货币
CFTC		商品和期货交易委员会
Chainlink		一个去中心化的预言机网络
Chrome		由 Google 公司开发的网页浏览器
Coinbase		加密货币交易平台
Coinfirm		区块链分析公司
Collateral-to-debt Ratio		质押债务比率
Compound		一个去中心化金融项目
Conflux		高性能树图结构的公链项目
ConsenSys		一家位于纽约的全球性区块链技术公司
Crypto Currency Depository Wallet Operator		
		加密货币存储钱包运营商牌照
Crypto Currency Exchange Operator		加密货币交易所运营商牌照
Crypto Currency Working Group		加密货币工作组
Dai		一款锚定美元的分布式稳定币
Daniel Larmier		丹尼尔·拉里默
DAO	Decentralized Autonomous Organization	
		去中心化自治组织
DApp		去中心化平台或应用程序
DeFi	Decentralized Finance	去中心化金融
DLT	Distributed Ledger Technology	分布式账本技术
DLT Framework		分布式账单技术框架
DPOS	Delegated Proof of Stake	带托管的权益证明
DSR	Dai Saving Rate	Dai 浮动存款利率功能

EBA	European Banking Authority	欧洲银行业管理局
ECB		欧盟中央银行
ECC	Elliptic Curve Cryptography	椭圆曲线加密
EEA	European Economic Area	欧洲经济区
EIP	Ethereum Improvement Proposal	以太坊改进提案
EMI	Electronic Money Institution	电子货币机构牌照
ERC-20		以太坊网络的一种代币合约标准
ERC-677		以太坊网络的一种代币协议标准，区别于 ERC-20
ETF		交易型开放式指数基金
ETH	Ethereum	以太坊/以太币
EVM	Ethereum Virtual Machine	以太坊虚拟机
Facebook		脸书
FATF	Financial Action Task Force	金融行动特别工作组
FCA	Financial Conduct Authority	英国金融行为监管局
Financial Instrument Test		金融工具测试
FinCEN		美国金融犯罪执法网络
Firefox		火狐浏览器，一款免费开源的浏览器
FMP	Financial Market Paticipant	金融市场参与者
FTC		联邦贸易委员会
Gas		燃料
GDPR		《通用数据保护条例》
GFSC	Gibraltar Financial Services Commission	直布罗陀金融服务委员会
GME		美国股票"游戏驿站"
Hierarchical Deterministic Wallet		分层确定性钱包
Impermanent Loss		无常损失

Interactive Brokers 盈透证券

Interest-rate Strategy 利率策略

Internal Market-based Auction 拍卖处置环节

IRS 美国国税局

ITAS 《创新技术安排和服务法》

Joel Monegro 乔尔·莫内格罗

Joseph Lubin 约瑟夫·鲁宾

Kenneth Blanco 肯尼斯·布兰科

Kraken 一家总部位于旧金山的比特币交易所

KWG 《德国银行法》

KYC　　Know Your Client 客户背景调查（法案）

Layer2 二层网络，是在以太坊主链之外再开发一个区块链

Libra/Diem Facebook 新推出的虚拟加密货币

Luis Cuende 路易斯·昆德

LVT　　Loan to Value Ratio 贷款比率

MakerDao Dai 的治理组织

Marketing DAO 以太坊品牌宣传去中心化自治组织

MDIA 《马耳他数字创新管理局法》

MetaMask 以太坊资产管理钱包

MFSA　　Malta Financial Services Authority

马耳他金融服务管理局

MiCA　　Market in Crypto-assets Regulation

《加密资产市场条例》

MiFID Ⅱ 《金融工具市场指令2》

ML/FT 洗钱/恐怖金融

MLRs　　Money　Laundering　and　Terrorist　Financing

(Amendment) Regulations 2019/1511 2019/1511

　　　　　　《2019/1511 洗钱和恐怖主义融资（修订）条例》

Monthly Active Users	总月度活跃使用人数
MSB　Money Service Business	货币服务业务
MTL　Money Transmission License	汇款牌照
NFT	非同质化代币
NXM　　Nexus Mutual	基于以太坊的去中心化保险协议
NYDFS	纽约州金融服务部
NYLPT　　New York State-charted Limited Purpose Trust Company	纽约州特许有限责任信托公司
Opcode	以太坊智能合约
Opyn	链上期权平台
Oracle	预言机
Order Books	订单簿做市
OTC　　Over the Counter	场外交易
Permissionless	开放式的网络
Polkadot　将多个专用区块链连接到一个统一网络中的区块链协议	
POS　　Proof of Stake	权益证明
Proof of Work	工作量证明
PSQ	纳斯达克 100 指数 ETF-ProShares 做空基金
Put Spread	看跌期权价差
QQQ	一个跟踪纳斯达克 100 指数的 ETF 基金
Ragequit	怒退
Reddit	社交博客平台
Referral	客户推荐
Reverse inquiry	反向问询

Robinhood		美股经纪商罗宾侠
RSA	Rivest-Shamir-Adleman cryptosystem	RSA 加密演算法
Rune Christensen		鲁内·克里斯滕森
Safety Module		安全模块
SEC		证券交易委员会
Smart Contract		智能合约
Solidity		编写智能合约常用的语言
SQQQ		纳斯达克指数 ETF-ProShares 三倍做空基金
SWIFT		全球金融安全信息服务提供商
Synthetix		一个合成资产协议平台
Thomas Peterffy		托马斯·比特菲
Token		代币
Trap door function		单向陷门函数
TVL	Total Value Locked	总锁定价值
Unintended Code Usage		未被授权使用
Uniswap		一种基于以太坊的交易协议
UTXO	Unspent Transaction Output	未开支余额
VASP		虚拟资产服务提供商
Vault		金库
VFA	Virtual Financial Asset	虚拟金融资产
VFAA	Virtual Financial Asset Act	《虚拟金融资产法》
Vitalik Buterin		维塔利克·布特林
Vocdoni		去中心化治理工具
World's Computer		世界的计算机
WTI		美国西德克萨斯轻质中间基原油
Yearn		一种基于以太坊的协议

Zachary Coburn		扎卡里·科本
ZAG		《德国支付服务监督法》
Zap		一个自动化的工作流程
ZKP	Zero Knowledge Proof	零知识证明

参考资料

1. Dai 白皮书
2. Aave 白皮书
3. Uniswap 白皮书
4. dYdX 白皮书
5. Synthetix 白皮书
6. Opyn 白皮书
7. Yearn Finance 白皮书
8. Nexus Mutual 白皮书
9. Chainlink 白皮书
10. Ethereum 白皮书